W9-ASX-387

"La presentación de 45 segundos que cambiará su vida".

Una adaptación del material presentado por

Don Failla

En los
Seminarios
"10 PRESENTACIONES SERVILLETA"

Más de CUATRO MILLONES
de libros MMN impresos
en 23 idiomas

soundconcepts

Publicado por
Sound Concepts, Inc.
15 East 400 South
Orem, Ut 84058

Para hacer pedidos de ejemplares adicionales del libro o de la cinta
de audio, comuníquese con:
Sound Concepts, Inc.
15 East 400 South
Orem, Ut 84058
801-225-9520 / 800-544-7044
Fax. 801-343-3301
www.45seconds.com

ISBN: 1-887938-95-8

Impreso en los EE.UU.

SOBRE EL LIBRO

Ya hay millones de personas en el Mercadeo Multinivel y cada año continúan ingresando millones y millones más. Lo más importante para una persona recién llegada es tener una comprensión cabal de este negocio. Puede usted pasarse 4 horas explicándoselo, o puede ponerle en las manos este libro.

"La presentación de 45 segundos que cambiará su vida".

¿Alguna vez se ha detenido a pensar que sería de su vida si "tomara las riendas"?

A continuación expongo lo que para mí significa "tomar las riendas":

Cuando se restan las horas que uno pasa durmiendo, en tránsito, en el trabajo y en las cosas que se deben hacer todos los santos días de la vida, a la mayoría de las personas no les queda más de una o dos horas diarias para hacer lo que realmente quieren hacer; Y además, cabe preguntarse ¿tendrían el dinero para hacerlo?

Hemos hallado una manera por medio de la cual uno puede aprender a "tomar las riendas" mediante la construcción de un negocio desde la casa; y tenemos un sistema que resulta tan sencillo que cualquiera lo puede hacer. No requiere de ventas, y lo mejor de todo es que tampoco requiere de mucho tiempo. Sí está usted interesado, comuníquese con la persona que le entregó este libro.

SOBRE EL AUTOR

Don Failla comenzó su carrera en el mercadeo en red en 1967. Desarrolló un sistema probado para desarrollar una organización amplia al prestarle atención a aquello que daba buenos resultados mientras iba desarrollando su negocio. Hoy, Don y su esposa Nancy, en calidad de entrenadores internacionales de mercadeo en red, viajan por todo el mundo enseñando su sistema probado. Viven en California y tienen dos hijos, Doug y Greg, y tres nietos, Christian, Jessica y Joshua. De este libro se han vendido millones de ejemplares en muchos idiomas. Contiene la mayor parte del sistema probado de Don.

DEDICACIÓN

Este libro está dedicado al sistema de la libre empresa del que todos tenemos la oportunidad de disfrutar, y sin el cual el MMN sería imposible.

"No te niegues a hacer el bien a quien es debido, cuando tuvieres poder para hacerlo."
Proverbios 3:27, Versión Reina Valera 1960

TABLA DE CONTENIDO

Prefacio i

I   Una Introducción al MMN 1

II   Dos Por Dos Son Cuatro 11

III   El Síndrome Del Fracaso Del Vendedor 17

IV   Cuatro Cosas Que Se Deben Hacer 25

V   Caver Hacia El Lecho De Roca 33

VI   Barcos En Alta Mar 39

VII   Invitación a Terceros 47

VIII   A Que Dedicar El Tiempo 53

IX   Echar Toda La Carne En El Asador 57

X   Motivación Y Actitud 61

XI   El Pentágono De Crecimiento 69

XII   De Regreso A Clases 73

XIII   Comprobar Algo Al Jugar Con Números .81

XIV   Sesiones De Entrenamiento De Negocio vs. Reuniones De Oportunidad

          Semanales 87

XV   Frases Importantes Y Cómo Manejar Objeciones 95

XVI   Why Should 90% Of The Population Be In Network Marketing . .103

Appendix 1: Porque El 90% De La Población Debería Participar En El

          Mercadeo En Red 109

Appendix 2: Como Construir Un Negocio MMN Exitoso…¡De Manera Rápida y Divertida! 111

PREFACIO

La presentación de 45 segundos es todo lo que uno necesita saber para comenzar a construir una organización grande. De hecho, si se le dificultara aprender esta presentación, podría leérsela a un amigo o colocarla en una tarjeta de 3" x 5" [7,62 x 12,7 cm] para que la lea por sí mismo.

Aparte de esta presentación, no se necesita saber más nada. Una vez que uno se da cuenta de esto y lo comprende, puede presentarle el negocio a cualquier persona debido a que todos pueden desarrollar uno si así lo desean. Lo único que realmente necesita es un poco de voluntad. Sin voluntad no se logra nada.

El secreto del sistema que enseñamos radica en no hablar. El ponerse a hablar más de la cuenta constituye el peor enemigo. Mientras más hable usted, más se convence el candidato de que él no puede hacer lo que usted está haciendo. Cuanto más hable usted, tanto más se convence él de que no tiene tiempo. Recuerde que "tiempo" es la excusa principal que dan las personas para no tener que decidirse.

Una vez que haya leído la presentación de 45 segundos, es posible que su amigo le formule una pregunta. Sin importar cual fuere, si usted la contesta, pierde. Antes de que usted caiga en cuenta, habrán surgido cinco preguntas más. ¡Estará usted rebotando por todos lados! Simplemente dígale que está consciente de que tendrá muchas preguntas y que el sistema está diseñado para responder la mayoría de ellas. Pídale que lea las primeras cuatro Presentaciones Servilleta para después volver a reunirse con usted.

Nunca le pida a un candidato que lea el libro. Lo colocaría en algún estante para leerlo cuando le es posible. Pídale que lea las primeras cuatro Presentaciones Servilleta. Las leerá de inmediato, y, en el 90% de los casos, terminará leyendo el libro entero DE UNA VEZ. Después de leer el libro, su candidato entenderá lo que es el mercadeo en red.

i

Eso es importante, ya que la causa principal de que la gente no emprenda el negocio es justamente el hecho de que no lo entienden. A estas alturas ya estarán al corriente de lo que es el mercadeo en red y estarán listos para que usted les presente el vehículo, la compañía, los productos y el plan de mercadeo. Pero, ¿no acabo de decirle que lo único que necesita saber para comenzar es la presentación de 45 segundos? ¿Y entonces?

En este momento usted emplearía las herramientas o su equipo de apoyo para que hablen por usted. Las herramientas serían los folletos, cintas de audio y vídeo de su empresa. Su equipo sería la línea ascendiente inmediata comenzando por la persona que lo patrocina a usted.

¡Supongamos que usted ya tenga su primer candidato! Le ha dado la presentación de 45 segundos y él ya ha leído el libro. Lo invita a una reunión de almuerzo y le informa de una vez que usted también ha invitado a su propio patrocinador para que él le explique el negocio en lugar de usted.

(Punto clave: ¿Quién paga por el almuerzo? Usted lo hace. Su patrocinador está trabajando para usted. ¿Cuántas veces habrá de pagar por el almuerzo o la cena de su patrocinador antes de que usted adquiera la destreza de explicar el negocio por sí mismo?)

Una vez, en un seminario en Alemania, se nos acercó un hombre que nos dijo: "No es sólo el hecho de no necesitar conocimiento alguno para arrancar, sino también el de salir premiado con un almuerzo gratis todos los días por el simple hecho de trabajar para la línea descendiente."

Pues, ¡Buen provecho y observe como crece su negocio!

CAPÍTULO I
UNA INTRODUCCIÓN AL MMN

El MERCADEO MULTINIVEL es uno de los métodos de distribución de mayor crecimiento en uso hoy en día, y aún así, el que menos se comprende. Por muchos ha sido llamado la Novedad de los Noventa. Pero créame, se extenderá mucho más allá. Para el 2010, las empresas de Mercadeo Multinivel distribuirán anualmente mercancía y servicios por un valor de más de 200 mil millones de dólares americanos. ¡Esté atento al MMN en el Siglo 21!

Es el propósito de este libro trasmitirle a usted, el lector, mediante ilustraciones y ejemplos, lo que ES y lo que NO ES el Mercadeo Multinivel. También el de mostrarle como explicarle a terceros lo que es el Mercadeo Multinivel en forma eficaz, repito, EFICAZ.

Este libro se debe emplear como MANUAL DE ENTRENAMIENTO. Fue diseñado para ser una herramienta de apoyo en su gestión de entrenamiento de los integrantes de su organización. Añádalo al "paquete" de información sobre su programa que usted les entrega al inicio.

Don Failla desarrolló las "Presentaciones Servilleta", sobre las cuales está basado este libro, en 1973. He estado envuelto en Mercadeo Multinivel de una forma u otra desde 1969. Este libro comprenderá las 10 presentaciones desarrolladas hasta el momento. Antes de entrar en detalle en cuanto a las "Diez Presentaciones Servilleta", permítame responder a una de las preguntas más frecuentes y posiblemente la más fundamental de todas: "¿Que es el MMN?" Esta pregunta a menudo se formula en respuesta a una chapa que llevamos puesta. En este libro emplearemos los términos "MMN" y "Mercadeo Multinivel" indistintamente.

Analicémoslo por partes. "Marketing" simplemente significa la repartición de bienes o servicios del fabricante o proveedor al consumidor. "Multinivel" se refiere al sistema de compensación provisto a aquellas personas que son responsables de que el producto se mueva o que el servicio se provea. "Multi" quiere decir "más de uno". "Nivel" se refiere a lo que se podría designar más bien con el nombre de "generación". También podría llamarse "Mercadeo Multi-generaciones". Nos quedaremos con Multinivel, siendo que es lo que mas se estila.

De hecho, es tan común que muchas de las pirámides ilegales, estafas de distribución en cadena o de cartas en cadena tratan de hacerse pasar por programas de Multinivel. Aunque injustificado, esto ha creado un estigma tan grande que muchas de las nuevas empresas de MMN están empleando otros términos para designar su tipo de marketing. Entre otros se oyen términos tales como: "Mercadeo Uninivel", "Mercadeo en red", y Mercadeo cooperativo en masa".

En realidad sólo existen tres métodos básicos de distribución de mercancía. (Al hacer demostración de este punto, levante tres dedos)

1) COMERCIO POR MENOR: Estoy seguro de que todos están familiarizados con la venta al por menor. El abastos, la farmacia, la tienda por departamentos. El entrar en una tienda y comprar algo es Comercio por menor.

2) VENTAS DIRECTAS: por lo general (pero no siempre) incluyen seguros, utensilios de cocina, enciclopedias, etc. La Fuller Brush, la Sra. de Avon, las fiestas Tupperware, etc. son algunos ejemplos de esfuerzos de Ventas directas.

3) MERCADEO MULTINIVEL: MMN es el que estaremos tratando en este libro. No debe confundirse con los otros dos, en particular con el método de Ventas directas con el que comúnmente se confunde el MMN.

Un cuarto tipo de marketing que se añade de vez en cuando a la lista (levante un cuarto dedo) es el de VENTAS POR CORREO. Ventas por correo puede ser un tipo de MMN, pero por lo general se incluye en el rubro de Ventas directas.

Un quinto tipo, a menudo confundido con MMN, que ya he mencionado antes, es el de las VENTAS PIRÁMIDES. Resulta que ¡las PÍRAMIDES son ilegales! Se consideran ilegales principalmente porque no proveen una distribución real de mercancía ni servicio válido alguno. (Levante el pulgar a modo de ilustración) Si no se distribuye un producto, ¿cómo podría siquiera llamarse "marketing", mucho menos "Mercadeo Multinivel"! Podrían ser Multinivel, pero en definitiva ¡MARKETING NO SON!

La mayoría de las objeciones que plantea la gente en cuanto a su ingreso al Mercadeo Multinivel son debidas a que no están al corriente de las diferencias que existen entre los métodos de marketing, de MMN y Ventas directas. Tal confusión es comprensible, ya que las empresas de MMN de mayor reputación pertenecen a la Asociación de Ventas directas [Direct Selling Association].

Tal vez, usted haya estado acostumbrado a referirse a ellos como programas de ventas directas de puerta en puerta porque el primer contacto que usted tuvo con ellos fue cuando un distribuidor tocó a su puerta para venderle algo.

Hay algunas características que marcan la diferencia entre el MMN y las empresas de Ventas al por menor o directas. La más significativa es que en el MMN usted está en el negocio por cuenta propia, PERO NO ESTÁ SOLO.

Al estar en el negocio por cuenta propia, en especial, cuando se trabaja desde la casa, se puede tener derecho a algunas DEDUCCIONES TRIBUTARIAS sustanciosas. No entraremos en detalles sobre las VENTAJAS TRIBUTARIAS en este libro. La mayoría de las personas pueden obtener esa información de su contador o de muchos libros que han sido escritos sobre el tema.

Al trabajar por cuenta propia usted estará comprando los productos al por mayor de la compañía que representa. Lo cual significa que usted puede (y debe) usar esos artículos para consumo propio. Muchas personas se involucran al comienzo con una empresa sólo por ese motivo: para poder comprar al por mayor. Y muchos de ellos llegan a "enseriarse" por el camino.

Ya que compra los productos AL POR MAYOR, usted puede, si así lo desea, vender esos mismos productos AL POR MENOR y producir una GANANCIA. La equivocación más común en cuanto al MMN es la noción de que para tener éxito se DEBE vender al por menor. Se puede decir mucho a favor de las ventas al por menor y no deben ser ignoradas. Algunos programas incluso requieren que se cumpla con una cuota de ventas al por menor para poder calificar para las bonificaciones. Usted puede dedicarse a la venta, si éste es su deseo o cuando le sea requerido por su programa en particular, pero para generar un ingreso realmente sustancioso, el verdadero éxito radica en la construcción de una organización.

PUNTO IMPORTANTE: Permita que sus ventas sean el resultado natural de la construcción de su organización. Más son las personas que fracasan que las que tienen éxito cuando intentan hacerlo al revés, ellos intentan construir la organización haciendo hincapié en las ventas. Conforme vaya leyendo las Presentaciones Servilleta que siguen mas adelante, descubrirá como va tomando forma el concepto de construir una organización.

La palabra "venta" evoca pensamientos negativos en la mente de aproximadamente el 95% de las personas. En el MMN no se necesita "vender" los productos en el sentido tradicional de la palabra. Sin embargo, LA MERCANCIA DEBE MOVERSE o nadie, absolutamente nadie, recibirá un solo centavo. Don Failla define la venta como "ponerse en contacto con desconocidos y tratar de venderles algo que ellos tal vez no necesiten, ni quieran". De nuevo, ¡LA MERCANCIA DEBE MOVERSE O NADIE COBRA!

Otro nombre para el MMN es Mercadeo en red. Cuando usted

desarrolla una organización, usted realmente está construyendo una red a través de la cual puede canalizar sus productos. El menudeo es la base del Mercadeo en red. Las ventas en el MMN o Mercadeo en red provienen de distribuidores que comparten con sus amigos, vecinos y familiares. No tienen porque hablar con desconocidos. Para construir un NEGOCIO GRANDE Y EXITOSO usted necesita EQUILIBRIO. Usted necesita patrocinar y enseñar el MMN, y, en el proceso desarrollar una base de clientes al venderles al por menor a sus amigos, vecinos y parientes.

No trate de venderle el programa a todo el mundo usted mismo. Recuerde que lo que se persigue en el Mercadeo en red o MMN es la construcción de una organización en la que muchos distribuidores venden un poco cada uno. Esto es infinitamente mejor a que unos pocos traten de hacerlo todo.

En casi todas las empresas MMN no hay necesidad de gastar grandes sumas de dinero en publicidad. La publicidad se lleva a cabo, casi en su totalidad, de boca en boca. Por esta razón les queda a las empresas una mayor suma de dinero para invertir en el desarrollo de productos. Por lo tanto, poseen un producto de mayor calidad que el de la competición que se encuentra en los anaqueles de las tiendas al por menor. Usted puede COMPARTIR con un amigo un producto de alta calidad del mismo tipo que ya ellos están usando. Usted simplemente estará reemplazando la antigua marca con algo que, por experiencia propia, habrá descubierto que es mejor.

Por lo tanto, no es cuestión de andar de puerta en puerta todos los días visitando a desconocidos. Todos los programas de mercadeo en red o MMN que conozco enseñan que la única actividad de "ventas" que se produce, es la de sencillamente COMPARTIR la calidad de los productos y servicios con los amigos. (Preferimos llamarlo "Compartir" porque ¡No es ni más, ni menos que eso!)

Otra cosa que diferencia el MMN de las Ventas directas es el PATROCINIO de otros distribuidores. En las ventas directas, y aun en algunas de las empresas de MMN, se le denomina

RECLUTAMIENTO. Sin embargo, "patrocinio" y "reclutamiento" definitivamente no son lo mismo. Usted PATROCINA a alguien y luego le ENSEÑA como hacer lo que usted está haciendo, construir un NEGOCIO PROPIO.

Hacemos énfasis en que hay una gran diferencia entre patrocinar a alguien y simplemente "afiliarlo". Cuando PATROCINA a alguien usted adquiere un compromiso para con ellos. Si usted no está dispuesto a adquirir tal compromiso, entonces lo estaría perjudicando al afiliarlo.

Todo lo que se requiere de usted a estas alturas, es estar DESEOSO de ayudarle a construir un negocio propio. Este libro constituirá una herramienta valiosa para mostrarle el qué y el cómo hacer justamente eso.

Es RESPONSABILIDAD del patrocinador enseñarle a toda persona que introduce al negocio todo lo que sabe acerca de ese negocio en particular. Cosas tales como hacer pedidos de productos, llevar registros, cómo comenzar, cómo desarrollar y entrenar su organización, etc. Este libro le permitirá avanzar hacia el cumplimiento CABAL de tal responsabilidad.

El PATROCINIO es lo que hace crecer un negocio de Mercadeo Multinivel. A medida que su organización vaya creciendo usted se irá convirtiendo en un EXITOSO e INDEPENDIENTE hombre o mujer de negocios. ¡Usted será su PROPIO JEFE!

En el caso de las empresas de Ventas directas usted trabaja para la empresa. Si decide dejar la empresa y mudarse a otro lugar, termina por empezar desde el comienzo, de nuevo. En casi todos los programas de MMN de los que tengo conocimiento, usted puede mudarse a otra área del país y patrocinar personas sin perder el volumen generado por el grupo que acaba de dejar.

Con los programas de Mercadeo Multinivel usted puede ganar mucho dinero. Con algunas empresas toma un poco más de tiempo que con otras, pero el ganar mucho dinero proviene del desarrollo de una organización, no del simple hecho de vender el producto. Sin duda, con algunos programas, puede usted ganarse la vida bastante bien con tan sólo vender el producto, pero usted puede acumular una verdadera FORTUNA si hace del desarrollo de una organización su función principal.

Hay personas que empiezan a trabajar en un negocio de Multinivel con miras de ganarse US$ 50, US$ 100 o tal vez US$ 200 al mes, y de repente se dan cuenta de que si tomaran el negocio en serio podrían ganarse US$ 1.000 o US$ 2.000 al mes, ó más aún. De nuevo, recuerde que una persona no gana esa cantidad de dinero sólo vendiendo el producto ... gana esa cantidad de dinero al construir una organización.

ES ESE JUSTAMENTE EL PRÓPOSITO DE ESTE LIBRO: enseñarle a usted lo que debe saber para poder construir una organización y construirla RÁPIDAMENTE;

desarrollar la actitud apropiada hacia el MMN.

Si alguien siente que el Mercadeo Multinivel es ilegal, teniendo la idea fija de que es semejante a una pirámide (hay muchos que entretienen tal idea), se le va a hacer a usted difícil patrocinarlo.

Usted debe enseñarle los hechos para eliminar esa actitud de confundir una verdadera organización de Mercadeo Multinivel por una pirámide. Un ejemplo que usted podrá mostrarle es el de la ilustración que aparece en la siguiente página. La pirámide se construye de arriba para abajo y sólo aquellos que han estado en esto desde el principio podrán, en determinado momento, estar cerca de la cima.

En el triángulo "MMN", todos comienzan desde abajo y tienen la oportunidad de desarrollar una gran organización.

Una persona nueva puede construir una organización muchas veces más grande que la de su patrocinador, si así lo desea.

El objetivo principal es el de involucrar a su candidato en una discusión general sobre el MMN, y explicarle haciendo uso de sus tres dedos, la diferencia entre Comercio por menor, Ventas directas y Mercadeo Multinivel. Así podrá usted arrancar con buen pié para patrocinarlo en su vehículo de MMN en particular.

Como mencioné anteriormente, para el 2010 el MMN estará generando en exceso de los 200 MIL MILLONES de dólares anualmente. ¡Eso es lo que se llama un NEGOCIO REDONDO! La mayoría de las personas no se dan cuenta de que ¡el MMN es así de grande! ¡El Mercadeo Multinivel ha estado con nosotros por más de 50 años! Algunas empresas han estado en el negocio por más de 45 años y, de por sí solas, ya están registrando ganancias de mil millones de dólares al año.

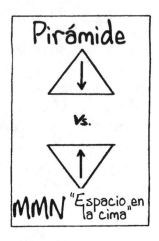

Sabemos de una empresas que registró ventas por un monto de 6,5 millones de dólares en su primer año de operaciones. En su segundo año obtuvieron más de 62 MILLONES de dólares. Para su tercer año hicieron una proyección de 122 MILLONES de dólares. Ahora van camino a los MIL MILLONES de dólares al año para su décimo año. Los principios expuestos en este libro harán que esta meta sea accesible. ¡Esta es una salida bastante rápida en cualquier carrera!

El MERCADEO MULTINIVEL es uno de los métodos viables que tiene a su disposición un inventor o fabricante para llevar al mercado un producto nuevo sin tener que invertir un millón de dólares y sin tener que ceder totalmente su producto a un tercero.

Notas

CAPÍTULO II
Presentación Servilleta Nº 1
DOS POR DOS SON CUATRO

ESTA presentación se la puede usted mostrar a una persona ANTES de que le sea presentado el programa o vehículo que usted desea compartir con ella. Es absolutamente INDISPENSABLE mostrarle esta Presentación tan pronto como pueda una vez que lo haya introducido a su programa. Usted querrá que sus pensamientos se canalicen en la dirección correcta desde el primer día. Con esto usted logrará "quitarle el proverbial mono de la espalda" al eliminar la idea de que para poder ganar una gran cantidad de dinero en el Mercadeo Multinivel tiene que salir a "patrocinar a medio mundo".

Esta Presentación también le demostrará a él la importancia de trabajar con su propia gente para ayudarles a arrancar debidamente.

Se empieza la Presentación escribiendo "2 x 2 = 4", etc. y continuando con la multiplicación tal como se indica en la gráfica a la derecha.

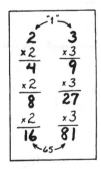

Nosotros le echamos broma a la gente diciéndoles que si ellos patrocinan a un candidato que no puede hacer esto correctamente, mejor TERMINEN de una vez con él, ya que se van a encontrar con dificultades en el futuro.

Fíjese que ahora hemos empezado a usar la palabra "patrocinar". A la derecha de la columna 2 x 2, escriba 3 x 3, diciendo "Aquí usted patrocina a tres personas, y enseña (También hemos empezado a usar la palabra "enseñar") a estas tres a patrocinar a tres, sumando así a nueve más. Seguidamente usted les enseña a sus 3 cómo enseñar a patrocinar a estos 9, y ahora ya tiene 27. Al descender 1 nivel más, obtendrá 81. Señale la diferencia entre 16 y 81. Haga que ellos se den cuenta de ello y pregúnteles si están de acuerdo en que es una buena diferencia. Luego muéstreles que ¡la DIFERENCIA REAL es de UNO! ¡Cada uno patrocinó tan sólo a UNA persona MÁS! Por lo general habrá alguna reacción al decir esto, pero no se detenga, lo mejor aún está por venir.

Digamos que usted patrocine a 4 personas en el negocio. Desplazándose a la derecha de la columna 3 x 3, usted despliega de nuevo una columna de cifras, anotándolas a medida que va hablando.

"Vamos a ver que pasa cuando todo el mundo patrocina solamente a DOS MÁS". A medida que vaya escribiendo, diga: "Usted patrocina a 4 y les enseña a patrocinar a 4. Seguidamente ayuda a sus 4 a enseñar a los 16 que tienen, cómo patrocinar a 4, lo que añade 64 personas más a su grupo. Descienda tan sólo un nivel más, y, en un dos por tres, su grupo tendrá otros 256 más.

Una vez más recalque: "Ahora estamos empezando a tener una diferencia considerable justamente aquí, pero la…"

De nuevo, obtendrá algún tipo de reacción cuando comienzan a captar el concepto, y antes de que usted pueda completar la frase, ellos mismos dirán: "La DIFERENCIA REAL es que todo el mundo patrocinó tan sólo a DOS MÁS".

Cerramos con cinco. Por lo general, al llegar a este punto ellos ya habrán captado la idea y le seguirán, mental o verbalmente, cuando usted escriba la última columna de números. A estas alturas ya puede prescindir de "patrocinar" y "enseñar" y proceder a escribir las cifras mientras comenta: "5 por 5 son 25, por 5 son 125, por 5 son 625. Ahora, esa ¡sí es una MARAVILLOSA DIFERENCIA!" Pero una vez mas, la DIFERENCIA REAL estriba en que todo el mundo sólo tuvo que patrocinar a TRES más.

La mayoría de las personas pueden comprender el patrocinio de 1, 2 o 3 más, pero generalmente se les dificulta identificarse con las cifras al final de la lista (16, 81, 256, 625).

Por tanto, imagínese usted a sí mismo en la última columna, habiendo dispuesto de suficiente tiempo para patrocinar a 5 personas serias en el programa. Los "5" que encabezan la columna representan a los que patrocinó usted y que quieren comenzar a construir su negocio propio EN SERIO. Posiblemente, usted tendrá que patrocinar a 10, 15, o 20 personas para hallar a estas 5.

Sin embargo, una vez que usted comprenda a fondo cada una de las diez PRESENTACIONES SERVILLETA, notará que su gente se enseriará más RÁPIDAMENTE de lo que lo hacen aquellos que ingresan a la organización sin conocer este material. Este libro le enseñara a usted cómo trabajar con ellos, de modo que tomen las cosas en serio más RÁPIDAMENTE.

Observe en la figura a la derecha, que una vez que usted haya patrocinado a cinco, y ellos a su vez hayan patrocinado a cinco, y así sucesivamente descendiendo por la columna, ... y usted suma todas estas cifras (que usted marcó con círculos), obtendrá un total de 780 personas serias en su organización. El hacerlo le permitirá responder la pregunta: "¿No tiene alguien que vender el producto?" Todos los que se han mantenido activos en manera alguna, han oído esa pregunta antes. Así que, repase esta PRESENTACIÓN SERVILLETA con ellos y explíqueles que 2 x 2 son 4 ... y avance hasta llegar a los 780 distribuidores.

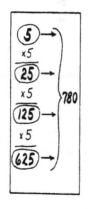

En cualquier tipo de organización de Mercadeo Multinivel, si se tiene a 780 personas, que lo único que hacen es CONSUMIR el producto, se generaría un volumen gigantesco. (Y ni siquiera hemos incluido a todas las personas que no toman el negocio en serio y sólo son "compradores del producto").

Ahora, si todos tuviesen 2, 3, 4 o 5 amigos, … digamos que todos tuvieran 10 clientes entre sus amigos, conocidos y parientes, ¡sumarían 7.800 clientes! Agregue esto a los 780 distribuidores en su organización. ¿No cree usted que una empresa con 8.580 clientes, más los "compradores de productos", podría catalogarse como rentable? Así se puede ganar mucho dinero en cualquier negocio; si se tiene a muchas personas aportando un granito de arena cada una de ellas. Pero recuerde, ¡usted solamente está trabajando con 5 PERSONAS SERIAS y no con un ejército completo!

Continuamente nos topamos con personas de otros programas de MMN, al igual que del nuestro, que quedan maravillados por la VELOCIDAD con que ha crecido nuestra propia organización. Han permanecido más tiempo en sus respectivos programas que nosotros en el nuestro, pero se rascan la "computadora" que tienen colocada sobre el cuello y se preguntan "¿Qué estás haciendo tú, que no esté haciendo yo?"

Nuestra respuesta a ellos es: "¿Con cuántas personas de su LÍNEA FRONTAL está trabajando?" (La Línea frontal está conformada por aquellas personas que han sido patrocinadas directamente por usted. También se les llama distribuidores de "primer nivel").

Por lo general me dan un número entre 25 y 50, o más. Conozco a personas en el MMN que tienen a más de 100 en su línea frontal, y le garantizo que, una vez que haya comprendido usted los principios delineados en este libro, en seis meses superará con creces a estas personas, a pesar de haber permanecido ellos por más de 6 u 8 años en sus organizaciones.

Cuando entremos a la Presentación Servilleta N° 2 que trata del síndrome del "Fracaso del vendedor" en el Mercadeo Multinivel, le daré un ejemplo sencillo para clarificar este punto del porqué no es bueno tener a muchas personas en la línea frontal.

Considere el EJÉRCITO, la ARMADA, la FUERZA ÁEREA, los INFANTES DE MARINA, o los GUARDACOSTAS. Desde el soldado raso más humilde hasta los altos oficiales en el Pentágono, ninguno tiene a más de 5 o 6 personas bajo supervisión DIRECTA. (Pueden haber escasas excepciones) ¡Píenselo! Tenemos a West Point y Annapolis [academias para oficiales del ejército y la armada, respectivamente] con más de 200 años de experiencia cada una, y ellos opinan que nadie debería supervisar a más de 5 o 6 personas. Ahora, dígame ¿cómo puede creer una persona que acaba de ingresar a una organización de Mercadeo Multinivel, que puede trabajar eficazmente con 50 personas en su línea frontal? ¡NO SE PUEDE! Es esta la causa de que muchos de ellos fracasen; y verá porqué a continuación.

Usted no debería tratar de trabajar con más de 5 personas serias a la vez. No obstante, asegúrese de trabajar con ellos conjuntamente en línea descendiente una vez que los haya patrocinado. Llegará el momento en que ya no lo necesiten más a usted y ellos podrán desprenderse para comenzar otra línea por sí mismos. Esto también lo dejará a usted libre para trabajar con otra persona seria, limitando así el número de personas con las que mantiene una relación cercana de trabajo a 5. En algunos programas no es posible trabajar eficazmente con más de 3 o 4 a la vez, pero que yo sepa, no hay ninguno que pueda construirse eficazmente con más de 5.

Estas PRESENTACIONES SERVILLETA están correlacionadas una con la otra por lo que algunas de las preguntas que pueden haber surgido hasta ahora, serán respondidas a medida que vaya avanzando en la lectura.

Notas

CAPÍTULO III
Presentación Servilleta Nº 2
EL SÍNDROME DEL
FRACASO DEL VENDEDOR

¿PORQUÉ será que fracasan tantos vendedores cuando trabajan en un negocio de Mercadeo Multinivel? Esta segunda Presentación aclarará algunos de los errores más comunes que suelen cometer los profesionales orientados hacia la venta. Permítame explicar porque preferimos patrocinar a diez educadores en vez de a diez vendedores.

Ahora, al decir esto, NO ME MAL INTERPRETEN, pienso que los vendedores profesionales pueden ser una tremenda adquisición para su organización si ellos, como todos los demás, pasan por las 10 Presentaciones Servilleta y las comprenden perfectamente.

A la mayoría de las personas les resulta difícil entender la aseveración anterior, pero recuerde, que ellos aún no comprenden que el MMN es un MÉTODO de marketing. NO estamos patrocinando a las personas en una organización de Ventas directas. ESTAMOS patrocinándolas en un programa de Mercadeo Multinivel.

Muchas veces, el problema al que se enfrentará al tratar con un vendedor es que, cuando el vendedor reconoce la alta calidad de los productos que usted representa, agarra, y, sin más ni más, se lanza a la calle, por decirlo así. Él puede elaborar su propia presentación, no nos necesita a nosotros para decirle como vender, el profesional es él. La cuestión es que no pretendemos decirle como vender. Tan sólo queremos enseñarle cómo ENSEÑAR y PATROCINAR y construir una organización de Mercadeo Multinivel grande y exitosa. Y tanto él, como cualquier otro, dicho sea de paso, puede hacer justamente eso SIN VENDER NADA según la definición y el estricto sentido de la palabra "vender".

Si no se puede sentar con ellos a explicarles algunas cosas básicas sobre el Mercadeo Multinivel, y en qué se diferencia el mismo de las Ventas directas, entonces ellos suelen inclinarse en la dirección equivocada. A medida que avancemos en las Presentaciones Servilleta, le daremos unos ejemplos.

La mayoría de las personas, y en especial los vendedores, piensan que al patrocinar a alguien ya automáticamente han duplicado su esfuerzo. (Dibuje un círculo debajo de otro) Donde había uno, ahora hay dos. Suena lógico, mas NO ES VERDAD.

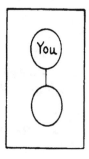

Decimos que no es verdad, porque cuando se retira la persona representada por el círculo superior (el patrocinador), también lo hará el patrocinado; no seguirá. Usted debe explicarle a sus distribuidores que si realmente desean duplicarse, deben alcanzar una PROFUNDIDAD de por lo menos TRES NIVELES; sólo así se habrán DUPLICADO.

Si su patrocinador se retira antes de que usted haya tenido la oportunidad de comprobar que el programa realmente funciona, por lógica, usted también asumirá que no funciona, ya que no funcionó para él. Después de todo, él es su patrocinador y ciertamente debería tener mayor conocimiento sobre los pormenores que usted. Digamos que usted está aquí. (Dibuje un círculo y escriba "Usted" en el centro del mismo) Usted patrocina a Tomás. (Dibuje otro círculo debajo del que dice "Usted" y escriba "Tomás" en el centro. Conecte los círculos con una línea. Ahora, si usted se va, y Tomás no sabe que hacer (porque usted no se lo ha enseñado), entonces, allí se termina todo.

Pero si usted SÍ LE ENSEÑÓ a Tomás a patrocinar, y el patrocina a Carolina, usted está MAL APENAS COMENZANDO a duplicarse.

Pero si Tomás NO aprende la manera de enseñarle a Carolina a patrocinar, entonces de nuevo la cosa chisporrotea, y su trabajo recibe el tiro de gracia. Usted debe enseñarle a Tomás CÓMO ENSEÑAR a Carolina a patrocinar. Entonces ella puede patrocinar a Benito, o a quien sea.

Ahora usted alcanza TRES NIVELES DE PROFUNDIDAD. Si usted se ausenta (para trabajar con otra persona, o, porque se muda a otra parte del país), este pequeño grupo seguirá adelante. Quiero recalcar que ¡USTED DEBE ALCANZAR UNA PROFUNDIDAD DE TRES NIVELES! Usted no posee nada hasta que no alcance una profundidad de tres niveles, sólo entonces podrá decirse que usted se ha duplicado.

Si usted no les comunica más nada sino este único punto a las personas que patrocina, estará en posesión de la clave que hará de usted un distribuidor más exitoso que la gran mayoría de los distribuidores en los programas de Mercadeo Multinivel.

He aquí lo que ocurre con el "vendedor": El observa las demostraciones de productos, oye y lee los testimonios de los resultados que otros han obtenido por el uso de los mismos y sobre como actúan. Armado con esta información, abran paso, él saldrá a "vender frenéticamente". Recuerde, ¡es un VENDEDOR! Ha estado en el negocio de las Ventas directas y no repara en tocar a la puerta de desconocidos.

¡Grandioso! Entonces usted le dirá a su vendedor estrella (llamémoslo Carlos): "Carlos, si quieres ganar UN DINERAL, no puedes hacerlo solo. Tienes que patrocinar a otros."

Y, ¿qué es lo que hace Carlos? Sale a patrocinar, patrocinar, patrocinar … patrocinará a todo el que se cruce en su camino. Un buen "vendedor" en un programa de Mercadeo Multinivel podría patrocinar de 3 a 4 personas semanales.

Pero, acontece que llega el momento (y no toma mucho) en que la gente empieza a retirarse con la misma velocidad con la que ha estado ingresando. Y, si el vendedor Patrocinador no empieza a trabajar con ellos EFICAZMENTE (y recuerde que no se puede trabajar eficazmente con más de cinco personas a la vez), se percatará de que empieza a cundir el desaliento, y, a consecuencia, sus patrocinados abandonan el negocio.

Así es que Carlos, sintiéndose desanimado y un poco impaciente, cree que ya no vale la pena, y se va en pos de otra cosa para vender. El Patrocinador de Carlos, que pensaba que Carlos lo iba a hacer rico, también se desanima y tira la toalla.

La mayoría de las personas que han triunfado en el MMN no tienen experiencia en ventas. Tal vez no sean EDUCADORES profesionales, pero la mayoría de ellos han estado involucrados de una forma u otra con la enseñanza. Sé de un maestro y director de escuela que después de mal apenas 24 meses en un programa de Mercadeo Multinivel se estaba ganando más de QUINCE MIL DÓLARES AL MES. Lo logró ENSEÑANDO A OTROS cómo hacerlo también.

Analicemos el enfoque de Carlos aplicando algunas cifras para aclarar donde fue que falló. Asumamos que Carlos, siendo el vendedor estrella que es, haya salido y patrocinado a 130 personas y que cada una de ellas haya patrocinado a cinco personas, añadiendo otros 650 para un total de 780 en su organización (¿Le suena familiar?)

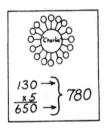

Hágale esta pregunta a sus distribuidores cuando les enseña lo anterior: "¿Qué cree usted que pueda lograr más rápido: patrocinar a cinco personas enseriadas con el negocio y ENSEÑARLES CÓMO ENSEÑAR, o …?"

A propósito, surgirá la siguiente pregunta: "¿Qué es lo que les he de enseñar?"

La respuesta es: Enséñeles lo que está aprendiendo ahora mismo en este libro: las 10 PRESENTACIONES SERVILLETA. Necesitarán tener un conocimiento cabal de cada una de las diez presentaciones, pero para comenzar bastan las primeras cuatro.

Enséñeles que 2 x 2 = 4, y porqué fracasa la gente, etc. ¿Cuánto tiempo, cree usted, que le tomaría patrocinar a 130 personas? ¿Cuántos de los del grupo original seguirían activos al momento de patrocinar el número 130? Se dará cuenta de que los ha estado perdiendo rápidamente. Sin embargo, descubrirá que la rata de retención para los 780 de la Presentación Servilleta Nº 1 es bastante alta.

Una vez que usted le haya mostrado esto al vendedor y lo entienda, exclamará: "¡Ajá! ¡Ahora sé lo que tengo que hacer!" ... y saldrá inmediatamente a ponerlo en práctica.

ADVERTENCIA: Usted tiene que refrenarlo. Siendo que aún no entienden lo que acabamos de cubrir en este capítulo, ¡la mayoría de las personas en el MMN literalmente alienta a su gente a abandonar el negocio! Patrocinarán a alguien y el nuevo distribuidor les dirá: "¡Oiga, ¡afilié a cinco personas nuevas la semana pasada!" Y ellos le dirán: "¡Maravilloso!" y para terminar de alentarlo le darán una palmada en la espalda. La siguiente semana este mismo distribuidor patrocinará a cinco personas más. ¿Adónde fueron a parar los cinco que afilió durante su primera semana? Se fueron por donde vinieron. De modo que, si usted entiende este "síndrome del fracaso del vendedor", no sólo puede alentarlos, sino también recalcar LO IMPORTANTE que es apartarse con los primeros cinco, que fueron patrocinados la semana anterior, para AYUDARLES A ARRANCAR. Después de patrocinar a alguien, es más importante salir con el nuevo afiliado para AYUDARLE A PATROCINAR a otros, que salir a patrocinar a otra persona. No tengo palabras para enfatizar la importancia de este punto. Volveremos a retomarlo más adelante en otras dos de las Presentaciones.

De las 10 Presentaciones Servilleta, las primeras cuatro son realmente INDISPENSABLES, Si no dispone del tiempo suficiente para todas, por lo menos comience por la número 1 y la número 2 (Capítulos II y III). Una vez que las haya practicado y dependiendo de cuán elaborada sea su presentación, usted puede enseñárselas a otros en cuestión de 5 o 10 minutos.

Don Failla relata la siguiente experiencia de cuando uno de los suyos presentó por teléfono la Presentación servilleta, después de haberla recibido por teléfono.

"En uno de los programas en que participé, patrociné a un hombre, llamado Carlos. Carlos me comentó que quería patrocinar a su hija en Tennessee, y que ella conocía a todo el pueblo. Estaba hablando con Carlos por teléfono y le dije que me parecía maravilloso. Sin embargo, añadí que necesitaba comunicarle algo para que él se lo transmitiera a su hija. Le pregunté si tenía lápiz y papel a la mano (me dijo que sí) y le pedí que anotara 2 x 2 son 4, y así sucesivamente. Le di instrucciones de que llamara de inmediato a su hija para informarle sobre los errores que no debía cometer y para encaminarla en la dirección correcta. Llamó a su hija y las cosas están marchando de lo mejor para ambos."

Notas

CAPÍTULO IV
Presentación Servilleta Nº 3
"CUATRO COSAS QUE SE DEBEN HACER"

EN LA PRIMERA PRESENTACIÓN le dimos algunas de las cosas que SE DEBEN HACER, y en la segunda Presentación le hablamos de algunas cosas que NO SE DEBEN HACER, en lo que a crear profundidad en su organización se refiere. En esta Presentación Servilleta le mostraremos cuatro cosas que DEBE HACER para tener éxito en un programa de MMN. Estas cuatro cosas son absolutamente IMPRESCINDIBLES.

Todos los que se están ganando anualmente US$ 100.000 ó US$ 200.000 (o más) en el Mercadeo Multinivel, HICIERON ó ESTÁN HACIENDO estas cuatro cosas.

Para recordar las cuatro cosas, las hemos incluido en un relato que usted le puede contar a su gente. No solamente captarán la enseñanza, sino también RECORDARÁN "lo que tienen que hacer".

La historia comienza así: "Imaginémonos que usted quiere hacer un viaje en el automóvil de la familia para alejarse un poco del lluvioso estado de Washington (realmente no es tan malo como algunos lo pintan) y dirigirse al soleado estado de California. El brillo del sol de California representará alcanzar la cima del programa en el cual usted participa. Al llegar allí, usted se habrá convertido en hombre o mujer EXITOSA. ¡Habrá alcanzado LA CIMA!

Lo PRIMERO que debe hacer es ENTRAR y ARRANCAR. No hay nadie en el MMN que haya ganado mucho dinero sin antes haber arrancado. La cantidad de dinero que se requiere para comenzar dependerá de la compañía y del programa que usted escoja como "vehículo". Puede oscilar entre cero y US$ 12,50, US$ 45, US$ 100, US$ 200, y aun US$ 500, ó más. La SEGUNDA COSA que debe hacer antes de emprender el viaje, es comprar COMBUSTIBLE y ACEITE. Camino a la cima (California), usted consumirá combustible y aceite (Productos), y será necesario reponerlos. El MMN funciona mejor si los productos son de CONSUMO. Usted mismo usará los productos y los comprará una y otra vez y …

A lo que remonta todo esto es que USTED MISMO DEBE CONSUMIR LOS PRODUCTOS de la compañía que representa.

Recuerde que en la Presentación Servilleta Nº 1 demostramos que con 780 distribuidores ya no importa el programa en que esté; tendrá un volumen considerable. Por supuesto que reconocerá usted las ventajas de construir un negocio con un vehículo cuyos productos son de consumo. La mayoría de las empresas MMN se encuentran en esta categoría. Los productos que no son de consumo por lo general se comercializan mediante los métodos de Comercio por menor y Ventas directas, aunque no siempre es así.

Otra ventaja que se deriva del uso personal de los productos es el entusiasmo que uno llega a sentir por los mismos. En vez de gastar grandes sumas de dinero en publicidad, las empresas MMN invierten su dinero en el desarrollo de productos, y, por consiguiente, pueden ofrecer un producto de mayor calidad a la de productos que comúnmente se expenden en las tiendas.

La TERCERA cosa que debe hacer, es cambiar a ALTA VELOCIDAD. Claro está que nadie arranca en ALTA velocidad. Todos empezamos en NEUTRO. (A propósito, tome nota de que no estamos manejando un "automático") Quizás nos encontremos dentro del vehículo, aún estacionado, con la llave en el encendido y el motor prendido, pero si no salimos de neutro, nunca llegaremos a California, ni a ninguna otra parte....

Para cambiar de marcha su automóvil, usted debe patrocinar a alguien para el negocio. Cuando usted patrocina a alguien, se encuentra en PRIMERA VELOCIDAD. Sugerimos que cambie a primera velocidad cinco veces, con 5 personas SERIAS. En una de

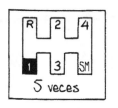
5 veces

las otras Presentaciones le mostraremos la manera de determinar quienes, entre los suyos, son personas serias. Usted querrá que sus cinco patrocinados TAMBIÉN se pongan en marcha. Para ello les ENSEÑA cómo cambiar a primera velocidad patrocinando a alguien. Cuando cada uno de sus cinco patrocinados haya cambiado a primera velocidad 5 veces, usted habrá cambiado a SEGUNDA VELOCIDAD 25 veces.

Enséñele a sus cinco patrocinados a enseñar a sus cinco como cambiar a primera velocidad cinco veces, ellos estarán en segunda velocidad 25 veces cada uno, lo cual lo pondrá a usted en TERCERA VELOCIDAD 125 veces. Cuando usted tiene distribuidores en el tercer nivel de su organización, usted está en TERCERA VELOCIDAD.

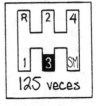

¿Ha notado usted con cuánta más suavidad se desplaza su automóvil en 4ª velocidad? ¡Así mismo sucede con su organización! Usted quiere estar en ALTA VELOCIDAD (4ª Velocidad) tan pronto como le sea posible. Cuando sus primeros niveles cambian a tercera velocidad, usted estará en CUARTA VELOCIDAD.

Por supuesto, usted desea que también su gente cambie a ALTA o CUARTA VELOCIDAD, y cuando lo hacen, usted estará en SOBREMARCHA.

¿Cómo se entra en SOBREMARCHA? USTED sencillamente AYUDA A ENSEÑAR a las personas que usted patrocinó a llevar a su gente a la TERCERA VELOCIDAD, lo que les pone a ellos en cuarta, y a usted en SOBREMARCHA.

La CUARTA COSA, que debe hacer mientras va camino a California, es tomar tiempo para COMPARTIR los productos con las personas que viajan con usted.

Deje que los prueben. Permítales experimentar los beneficios de los productos por si mismos. Cuando le pregunten donde pueden obtenerlos …adivine que hará usted en ese momento.

Así es que comparta con sus amigos. Para un buen número de personas esto constituye el aspecto de la venta por menor del negocio. A estas alturas es importante notar que al cubrir las Presentaciones

Servilleta N° 1, 2, y ahora la 3, le hemos ido revelando también las CUATRO COSAS QUE USTED TIENE QUE HACER para tener éxito. En ningún momento mencionamos que TENÍA que salir a vender. Dijimos que no hacía falta vender productos en el más estricto sentido de la palabra "vender". SÍ DIJIMOS que usted tenía que COMPARTIR los productos con los amigos, y, aún con desconocidos, y que, cuando estos llegaran a reconocer el valor de los productos y del plan de mercadeo, se convertirían en NUEVOS AMIGOS.

Ni siquiera se necesitaría un gran número de clientes...digamos unos 10, o quizás menos. Si lo único que llegara a tener fueran 10 clientes... pues, ¡qué hay de ello! Sólo sería indicio de que el punto número 4 (en la próxima página) no representa sino una ínfima parte. ¿Qué pasaría si sacáramos el "4" del medio; aún así podríamos llegar a California cumpliendo con los requisitos de los primeros tres puntos

1. Entrar y Arrancar
2. Usar los productos
3. Cambiar a Alta Velocidad
4. Compartir con sus amigos

ADEMÁS, si no hiciera lo que el número tres indica (Cambiar a ALTA VELOCIDAD) y sólo se dedicara al número 4 (o sea, justamente lo que hacen los vendedores), jamás saldría de la rampa del estacionamiento. Una vez que haya comprendido y compaginado esto con los números 1 y 2, habrá comenzado a desarrollar la debida actitud MMN.

A partir del primer día, usted querrá grabar el NÚMERO "5" en el subconsciente de su nuevo distribuidor. Todo lo que el o ella necesita hacer es hallar a 5 personas que deseen enseriarse con el negocio.

Cuando usted se topa con el común de la gente y les pregunta cómo les va en el negocio, es factible que le contesten: "¡Que broma! No puedo encontrar a nadie que quiera vender". ¡Allí está esa bendita palabra de nuevo, "vender"! ¡DEJE DE BUSCAR gente que quiera vender! EMPIECE A BUSCAR gente que quiera ganarse unos US$ 600, US$ 1.200, o US$ 1,500 adicionales al mes, sin tener que "ir a trabajar" todos los días. ¿Conoce usted o conocen ellos a alguien así? Su respuesta, y la de ellos, al igual que la mía, será: "Por supuesto que sí, ¡todo el mundo!" Pues bien, esas son las personas con las que usted quiere ponerse en contacto, porque a todo el mundo le gustaría percibir ese tipo de ingreso.

Sencillamente señale que sólo se requieren de 5 a 10 horas de su tiempo libre a la semana para montar el negocio. Y, enseguida, apresúrese a decir: "¿Hay algo de malo en ello?"

La gente ingresa a veces a un programa de MMN pensando que, por el simple hecho de haberse afiliado, tendrán éxito. ¡No es verdad! Recuerde, el automóvil que estamos conduciendo a California no es de transmisión AUTOMÁTICA.

Conozco, y estoy seguro de que usted también, a personas que han ido a la universidad para obtener un título, y no hay absolutamente nada de malo en ello. Tal vez sea usted uno de ellos. Asiste a clases cada día. Estudia todo el santo día y buena parte de la noche, semana tras semana, AÑO TRAS AÑO. Y entonces, cuando finalmente se gradúa, ¿cuánto dinero podrá ganar?

Así que, invierta entre 5 y 10 horas semanales de su tiempo en APRENDER las 10 Presentaciones Servilleta, y, todo lo que pueda sobre la empresa MMN a la cual representa. Tan pronto como las aprenda y comprenda, estará usted facultado para enseñarlas a otros. El libro que está leyendo hoy constituye la clave del éxito del mañana.

No queremos que se ponga nervioso por el hecho de no sentirse apto para enseñar a otros lo que está aprendiendo ahora. Es factible que ésta sea la primera vez que usted lee u oye sobre estos conceptos y realmente no esperamos que los domine lo suficientemente bien como para enseñarlos. Pero descuide, porque ¡NO TENDRÁ QUE HACERLO!

Recuerde que para ingresar a un programa de Mercadeo Multinivel, usted debe tener un PATROCINADOR. Si este patrocinador es un VERDADERO "patrocinador", le ayudará a usted a patrocinar a las primeras cinco personas. Tome nota de que es una RELACIÓN DE APOYO. En el proceso de mostrarle las Presentaciones Servilleta a sus amigos en reuniones individuales o en grupos, su patrocinador lo estará entrenando a usted también.

A modo de sugerencia, le recomendamos que se fije algún tipo de meta. Cuando haya ascendido el 20% de la escalera de su programa, debería SABER y COMPRENDER las diez PRESENTACIONES SERVILLETA. Cuando haya ascendido las tres cuarta partes del camino, debería estar en condiciones de ENSEÑAR a otros. Cuando haya alcanzado la cima, o se encuentre cerca de ella, estará en capacidad de ENSEÑARLE a su gente a ENSEÑAR a otros. Es algo beneficioso que podrá DOMINAR en relativamente poco tiempo.

Con este libro, y, o la cinta de audio sobre el mismo tema, usted puede sentarse a leer y estudiar, o a escuchar las presentaciones una y otra vez. Si a usted le dieran la "asignación" de hacer lo anterior, y usted tuviera que repasar el material 5, 6, y aun 10 veces, y si esto significara que dentro de un año a partir de la presente fecha usted podría estar ganando 2, 3, 4 e incluso, 6 MIL DÓLARES AL MES; ¿No valdría la pena dedicarle de cinco a diez horas semanales?

Pues bien, ¿No es está una manera bastante agradable de "regresar a clases". Tendrá que admitir que sí. Échele un vistazo a los textos universitarios, y trate de asimilar su contenido; ¡no van a producirle a usted tales sumas de dinero!

¡Bienvenido a la Universidad MMN!

Cuatro cosas que debe hacer

1. Entrar y Arrancar
2. Usar los productos
3. Cambiar a Alta Velocidad
4. Compartir con sus amigos (al por menor)

Notas

CAPÍTULO V
Presentación Servilleta Nº 4
CAVAR HACIA EL LECHO DE ROCA

El DESALIENTO es uno de los problemas que pueden acosar a su recién patrocinado distribuidor si usted deja de inculcarle la importancia de TOMAR LA DELANTERA. Por eso hacemos tanto hincapié en que NO SE COMIENCEN A CONTAR los meses que un distribuidor tiene en el negocio sino hasta después de concluir su MES DE ENTRENAMIENTO, o, hasta que haya pasado el tiempo suficiente para concluir el entrenamiento.

Al ingresar por primera vez a una organización de Mercadeo Multinivel, sin tener una VENTAJA INICIAL, un distribuidor nuevo puede estar propenso a admirar a los líderes que les llevan la delantera en el negocio, y también a caer en el desánimo al pensar que él nunca podrá alcanzarlos.

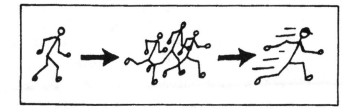

Haga un dibujo de un grupo de corredores. Señale con flechas a un corredor que está tratando de alcanzar al grupo y a otro corredor corriendo aún más rápidamente en el intento de mantenerse a la delantera. (tal vez se le haga más fácil dibujar círculos para ilustrar este punto.)

¿Recuerda usted los viejos días de escuela cuando participaba en las "carreras" de las clases de educación física?") Las personas suelen correr más velozmente para mantenerse a la delantera, que para alcanzar al grupo. Ya que en esta carrera no hay "meta final", todos pueden convertirse en ganadores. En mi oficina tengo una cita de mi clérigo, que reza:

"LOS ÚNICOS PERDEDORES SON LOS QUE SE RINDEN"

Sin embargo, para correr una buena carrera, es menester entrenarse. Cuando patrocine a alguien, haga que considere sus primeras 2 a 6 semanas en el negocio como su mes de entrenamiento. El SIGUIENTE mes será su mes de INICIO.

Todo lo que el nuevo distribuidor lee, todo lo que oye, todas las reuniones a las que asiste, todos los encuentros con su patrocinador y con otras personas, todos los productos que prueba y los productos que distribuye, todo este ENTRENAMIENTO le permitirá TOMAR LA DELANTERA en su MES DE INICIO, que es el SIGUIENTE MES. Al entrar el siguiente mes, si aún no está listo para enseriarse con el programa, se extiende para él el MES o período de entrenamiento. Evite que comience a contar los meses en el negocio hasta que esté listo para comenzar en serio. De esa forma, cuando llega finalmente el momento para comenzar en serio, se habrá "calentado" para la carrera y podrá TOMAR LA DELANTERA y CORRER A MILLÓN.

Uno de los mayores beneficios de todas estas Presentaciones Servilleta es que tienden a ser AUTOMOTIVADORAS a medida que uno las va compartiendo a manera de entrenamiento con candidatos y distribuidores nuevos. Cada vez que muestro la Presentación "2 x 2 son 4" me entusiasmo de nuevo con las posibilidades inherentes en el MMN.

Una vez que lea, estudie, y comprenda lo que voy a mostrarle en las siguientes páginas, se sentirá usted motivado y animado cada vez que vea un nuevo edificio en construcción.

 Note que cuando se inicia la construcción, nos parece que es cosa de nunca acabar antes de ver que el edificio empieza a levantarse. Pero tan pronto como se levanta del suelo, nuestra óptica cambia y

ahora nos parece que está creciendo al ritmo de un piso por semana. ¡Es así de RÁPIDO!

Ahora bien, visualice esa enorme torre de oficinas como si fuera su propia organización tal como se verá ALGÚN DÍA, y reflexione sobre lo que tendrá que hacer para que así sea.

Al principio, cuando comienza a patrocinar a sus cinco personas serias, está cavando el cimiento del edificio con una PALA o un BADIL.

Pero, fíjese en lo que pasa cuando usted sigue cavando hacia su segundo nivel, o sea, enseñándole a su gente a patrocinar. De repente tiene a 25 personas más y ahora tiene que traer las PALAS MECÁNICAS.

A continuación, se dedica a la tarea de enseñarle a su gente a enseñar a los integrantes de su propio grupo a patrocinar. Una vez logrado esto, se encuentra usted bien encaminado hacia el lecho de roca y ahora ¡empieza a excavar con DRAGAS CAVADORAS!

Y al comenzar a divisar las 125 personas en su tercer nivel, sabrá que ha llegado usted al LECHO DE ROCA.

Este es el momento de empezar a erigir. Cuando su organización se extiende a CUATRO NIVELES DE PROFUNDIDAD, es señal de que su organización empieza a "hacerse visible" y, por ende, de que su edificio se levantará rápidamente.

Así que, si ha estado en el negocio por varios meses, y no logra ver nada, no se desanime. Significa que el cimiento aún está en construcción. Podríamos comparar esto al caso del buscador de oro que pasa meses y meses excavando una mina, sólo para desistir de la excavación justamente cuando está a tan sólo 15 centímetros de la veta principal.

De nuevo, volvamos a los vendedores profesionales. Eso es precisamente lo que pasa con ellos. Desisten y pasan a otra cosa justo cuando están a punto de llegar al lecho de roca y ver como empieza a tomar forma

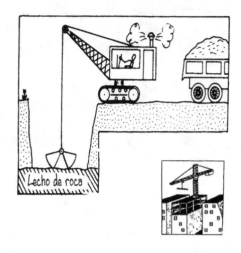

el edificio. En honor a la verdad, no se puede esperar discernir los frutos de un verdadero crecimiento sin antes haber alcanzado los 4 niveles de profundidad. Lo cual no necesariamente implica que usted tenga que ir a 4 Y 5 niveles de profundidad, sino más bien que, al extenderse a cuatro niveles de profundidad cualesquiera de sus líneas, está usted comenzando a construir pisos, y por ende, ya empieza a vislumbrarse el resultado final.

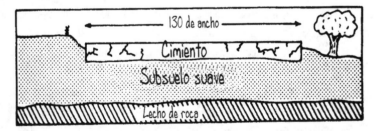

Arriba hay una ilustración del cimiento de un distribuidor que patrocinó a 130 personas. Observe que aún no ha alcanzado el lecho de roca. Y si cada uno de estos 130 patrocinara a 5 "usuarios de los productos" ó "compradores al por mayor" y que tuviese un grupo de

780, aún así, no alcanzaría el lecho de roca. Sin un cimiento sólido colocado sobre el lecho de roca, el edificio no puede elevarse demasiado porque se derrumbaría.

Al relacionar esto con el viaje a California podemos concluir que el distribuidor que patrocinó a los 130 cambió a primera velocidad demasiadas veces. Y aunque todos y cada uno de los 130 patrocinara a 5, ¡jamás saldría él de segunda!

APRENDA estas Presentaciones Servilleta y ¡UTILÍCELAS!

No se quedará en Segunda. Construya su cimiento a profundidad, hasta el LECHO DE ROCA, y ¡cambiará a ALTA VELOCIDAD!

Cuando llegue a la Presentación Servilleta N°9 (Capítulo X) sobre Motivación y Actitud, y a las otras Presentaciones, comprenderá plenamente la importancia de construir A PROFUNDIDAD. Antes de pasar a la P.S. N° 5, quiero recalcar una vez más cuán importante es para usted ENSEÑARLE a su gente estas primeras cuatro Presentaciones CUANTO ANTES. Las que siguen pueden ser presentadas posteriormente una vez que su gente haya comenzado a patrocinar a otros en el negocio.

.

Notas

CAPÍTULO VI
Presentación Servilleta Nº 5
BARCOS EN ALTA MAR

USTED ya lleva en el negocio aproximadamente una semana, dos semanas, un mes, o el tiempo suficiente como para tomar la decisión de enseriarse y pasar a la fase de CRECIMIENTO. A estas alturas ya ha patrocinado un buen número de personas.

Esta presentación resulta más divertida si se hace frente a un grupo de personas, en vez de uno a uno.

Casi todo el mundo ha oído la frase: "Cuando atraque MI barco..." Me hace pensar en aquel pesimista que jocosamente bromea: "Con la suerte que tengo, al atracar mi barco, yo estaré en la estación de autobuses o en el aeropuerto."

En el Mercadeo Multinivel ¡realmente PUEDE hacer que atraque su barco! Si usted aprende y aplica estas Presentaciones Servilleta, podrá estar allí cuando el barco llegue.

A veces le pregunto a la gente si tienen algún pariente que hace mucho que no ven, que está enfermo de muerte y que al fallecer les va a dejar mucho dinero. La mayoría piensa que hay muy poca probabilidad de que eso suceda. La gran mayoría, dicho sea de paso, no tiene la más mínima posibilidad de hallar la riqueza, pero en el Mercadeo Multinivel ¡sí LA TIENE!

Ésta es otra buena razón para ESTAR ENTUSIASMADO con el MMN. Cuando sale a hablar con la gente, puede darles ESPERANZA, esperanza de que no tendrán que pasar los próximos 30 a 40 años trabajando para una empresa tan solo para poder jubilarse y recibir una pensión. ¿Ha notado como las personas trabajan de 30 a 40 años para poder jubilarse y "ver algo del mundo", sólo para encontrarse con que tienen que tratar de sobrevivir con la mitad de sus ingresos.

El MERCADEO MULTINIVEL realmente da a las personas la oportunidad de realizar sus sueños, sin tener que esperar ni trabajar de 30 a 40 años para lograrlo.

A la mayoría de las personas les da miedo comenzar y montar un negocio propio. El MMN les da la oportunidad de zambullirse y de probarlo sin afectar sus medios de sustento actual.

Lo que le vamos a mostrar ahora es COMO puede lograr usted que ATRAQUE SU BARCO. Esto representaría alcanzar la cima de cualquier organización de Mercadeo Multinivel con la que usted esté involucrado.

Al llegar su barco, usted va a "cobrar", sin importar el tipo de carga que está transportando.

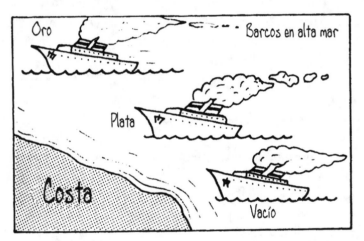

Cuando enseñamos esta analogía a alguien, sencillamente dibujamos tres barcos en alta mar. A un lado, o en la parte inferior de la servilleta usted dibuja la "costa" donde está esperando la llegada de los barcos.

Marque el primer barco "ORO", el segundo "PLATA", y el tercero "VACIO"

Los barcos representan a las personas en su organización, bien sea patrocinadas personalmente por usted, o no. Pueden encontrarse en cualquier nivel de su línea(s) de patrocinio descendiente(s).

40

Sabiendo que "va a cobrar" sobre la carga al atracar un barco, ¿a cuál de los barcos va usted a prestarle su ayuda para que atraque? ¿Dice al de "ORO"? ¡Por supuesto! ¿Porqué será, entonces, que la mayoría de las personas optan por trabajar con el barco vacío? Porque la mayoría de las personas nunca antes han estado involucradas en algo así.

La comparación es ésta: los BARCOS de "ORO" representan a aquellas personas, tipo vendedor, que una vez patrocinadas, son abandonados a su suerte para defenderse por si mismos, pensando que estos no requieren de ayuda ni dirección. Simplemente tomarán la antorcha y correrán hacia la meta. Tal vez lo hagan, pero, lo más seguro es que no—no sin las claves del éxito que permiten construir en profundidad, mas bien que a lo ancho.

Los barcos vacíos representan a aquellos que ya llevan varios meses en el programa y que, sin embargo, cada vez que usted se reúne con ellos, se ve en la necesidad de convencerlos una vez más de que el programa FUNCIONARÁ. Ellos, suelen ser algo pesimistas y se desaniman fácilmente.

HASTA que no les muestre esta Presentación, la mayoría de las personas trabajarán con barcos vacíos. Una vez que hayan captado su esencia, comenzarán a trabajar con los barcos de "ORO".

Cuando usted patrocina a alguien en el negocio, este ingresa como BARCO DE PLATA. Básicamente, por la manera de trabajar con él, es USTED el que determina si su carga se convierte en ORO ó si se vuelve barco VACÍO.

Cuando, en la primera Presentación hablábamos de 5 PERSONAS SERIAS, nos referíamos a CINCO BARCOS DE ORO. Simplemente dicho, mientras más barcos de plata se conviertan en oro, menos tiempo tendrá que dedicarle usted al patrocinio para encontrar a las cinco personas serias.

A continuación la manera de identificar un BARCO DE ORO ó una PERSONA SERIA:

1) Está ANSIOSO de APRENDER. Lo llama a usted a cada rato buscando respuestas a sus muchas preguntas.
2) PIDE AYUDA. Va acompañado de alguien al que quiere que usted conozca para patrocinarlo o entrenarlo.
3) Está ENTUSIASMADO CON EL NEGOCIO. Está lo suficientemente empapado con el programa para saber que funcionará, y ¡esto hace que se emocione!
4) SE COMPROMETE. Compra y USA LOS PRODUCTOS y dedica el tiempo libre a aprender todo lo que pueda sobre los productos y sobre la oportunidad de negocio.
5) Tiene METAS. Las metas ayudan a impulsar a la personas a obtener lo que realmente desean. No es indispensable que las escriba (aunque no estaría demás), siempre y cuando tenga usted un deseo ardiente de lograr algunas cosas específicas que tiene en mente.
6) Tiene una LISTA DE NOMBRES. Esta lista sí SERA POR ESCRITO. El motivo por el cual se debe tener por escrito es simple, puede añadir más personas a la misma en cualquier momento y posteriormente no se olvidará de nadie. Pueda que esté visitando un vecindario por donde no ha pasado por un tiempo. El simple hecho de estar allí hará que se acuerde de alguien que vive o que solía vivir en esa vecindad, y ya que usted SIEMPRE tiene su lista de nombres a la mano (¿Verdad?), de inmediato puede agregar el nombre a la lista. Un par de días después, cuando quiere llamar a alguien, puede revisar la lista y ¡he allí, el nombre! De no habérselo apuntado al instante, es posible que nunca más hubiera vuelto a pensar en esa persona .
7) Es DIVERTIDO Y BUENA COMPAÑÍA. Espera ansiosamente su visita, bien sea por placer o por negocios.
8) Es POSITIVO. A todos nos gusta codearnos con gente de mente positiva. ¡Es contagioso!

Esta lista de elementos que identifican a un barco de oro podría extenderse indefinidamente.

Básicamente, la única diferencia entre un barco de PLATA y uno de ORO, es que el de plata aún no ha pasado en el negocio el tiempo suficiente como para poder comprenderlo hasta tal grado que le permita enseriarse con el mismo.

Quiero que esté consciente de TRES PALABRAS IMPORTANTES. Si tan solo comprendiera estas tres palabras, usted sabría lo que hace funcionar a todos los programas de MMN. Estas palabras son:

1. EXPONER
2. INVOLUCRAR
3. SUPERAR

Lo primero que debe hacer con una persona es EXPONERLA al negocio que usted representa. Seguidamente debe hacer que se INVOLUCRE.

Una vez que esté involucrada en el negocio, se pondrá a pensar en cuan lejos podrá avanzar en el programa, y se SUPERARÁ en forma continua.

EXPÓNGALA al Mercadeo Multinivel explicándole los diferentes métodos de distribución de productos (Al por menor, Ventas Directas, MMN) y mostrándole la Presentación Servilleta Nº 1 "Dos por dos son cuatro" en el Capítulo II.

Haga que se INVOLUCRE. Llévelo de viaje a California con la Presentación Servilleta Nº 3 en el Capítulo IV.

La SUPERACION será algo natural para él una vez que entienda y emplee cada una de las diez Presentaciones Servilleta, y fije su mira en la cima.

Cuando llame o visite a los integrantes de su grupo, es muy importante que ellos sepan que los está llamando con el fin de BRINDARLES AYUDA, no con la intención de PRESIONARLOS.

Recordemos un momento el tipo de persona que se asemeja a un barco vacío. Cuando lo llama para brindarle ayuda, usted siente que la llamada no es del todo de su agrado. Creen que llama para apresurarlo y molestarlo. Cuando usted llama a los "barcos vacíos", ellos piensan que los está presionando.

Por otro lado, cuando llama a un barco de oro, ellos sencillamente deducen que usted los está llamando porque tiene deseos de ayudar, y usted lo detectará en el tono de su conversación.

Los "barcos vacíos" no tienen metas, no tienen lista de nombres, ciertamente no toman el negocio en serio, y, por encima de todo, suelen ser negativos. Son aquellos que requieren que usted les pruebe las cosas una y otra vez.

Entienda que cuando se hunde un barco vacío, este puede hundirse solo, ó, en el caso de que se dedique usted a trabajar más con barcos vacíos que con barcos de oro, arrastrarlo a usted consigo. Por tanto tratamos de inculcar en nuestra gente que deben alejarse de los barcos vacíos y concentrarse en los barcos de oro, ó, en todo caso, en los de plata para ayudarles a transformarse en barcos de oro. Dedique la mayor parte de su tiempo a trabajar con barcos de oro para que puedan desarrollar los grupos en línea descendiente de su propia organización.

De repente, todos los barcos vacíos que lograron mantenerse a flote (que no han abandonado el programa), al igual que los de plata que aún no se han convertido en oro, lo verán a usted avanzar sin ellos, y puede ser que, entonces, más bien sean ellos los que empiecen a llamarlo a usted. Si la actitud de una persona hacia el negocio decae, el tratar de ponerle paro es casi imposible. Casi debe permitir que toque fondo. Entonces, cuando esté listo, y LO LLAME A USTED con el deseo de reunirse y arrancar de nuevo y comenzar a crecer, usted podrá hacer que salga a flote y progrese rápidamente. Pero si usted corriera el riesgo de sacarlos a flote mientras se precipitan al fondo (o sea, trabajar con un barco que se está hundiendo, y por si fuera poco, un barco vacío), es muy probable que lo arrastren consigo al fondo. Esta es una forma entretenida de comunicarse con sus distribuidores. Cuando se encuentren reunidos usted puede preguntarles como les va con sus barcos: ¿Cuántos de oro?, ¿Cuántos de plata?, etc.

Un PUNTO IMPORTANTE: ¡NUNCA, NUNCA llame a un

distribuidor nuevo para preguntarle CUÁNTO VENDIÓ la semana anterior! De hacerlo, dejaría usted sin efecto todo lo que le dijo desde el principio en cuanto a no tener que salir a VENDER. Solamente saldrán a COMPARTIR con sus amigos, a PATROCINAR, y a CONSTRUIR una organización.

Si usted le pregunta a un distribuidor cuanto vendió, la primera reacción del mismo será la de pensar que a usted lo único que le interesa es saber cuanto dinero va a ganar a cuesta de él, y probablemente esté en lo cierto.

Si busca primero AYUDAR A SU GENTE A QUE TENGAN ÉXITO, el dinero vendrá por añadidura. Zig Ziglar lo mira de esta manera: "Usted puede obtener todo lo que desea en este mundo, con tan sólo AYUDAR a un número suficiente de PERSONAS a obtener lo que ellos quieren".

Cuando quiera usted hablar con un distribuidor en su organización, patrocinado por usted personalmente, en la medida de lo posible, llame primero a un distribuidor en línea descendiente de este y converse con él un rato para ver si tiene a alguien con el que usted pueda echarle una mano por medio de una reunión ó una llamada telefónica. Posteriormente, comuníquese con la persona de primer nivel con la que quería hablar inicialmente. Lo primero que le va a decir es que acaba de hablar con uno de sus distribuidores que está entusiasmado y que usted quiere reunirse con el mismo.

Muestre a su gente que cuando usted llama, lo hace para cooperar con ellos, para brindarles AYUDA, no para "supervisarlos".

El "supervisar" a la gente es el trabajo de un gerente de ventas de una empresa de Ventas directas, no el nuestro. Nosotros no estamos en las Ventas directas, estamos en el Mercadeo Multinivel. A estas alturas usted ya debería estar claro en cuanto a la diferencia.

Para terminar esta Presentación queremos señalar que usted, querido lector, NO es un barco "vacío". De ser así, no estaría leyendo este libro. Si se identificaba con un barco vacío antes de comenzar a leer este libro, a estas alturas probablemente ya se habrá convertido en uno de "oro", ó, por lo menos, en un barco de "plata" bien encaminado a convertirse en un BARCO DE ORO. ¡Siga así!

Notas

CAPÍTULO VII
Presentación Servilleta Nº6
INVITACIÓN A TERCEROS

La PROSPECCIÓN es el tema de esta Presentación, la cual, de hecho tiene que ver con la Presentación "Barcos en alta mar". Para simplificar las cosas llamaremos la prospección INVITACIÓN A TERCEROS. Es importante que toda su gente entienda de que consta LA INVITACIÓN A TERCEROS.

Una explicación: Si yo conozco a Carolina, NO me voy a acercar a ella para preguntarle si le interesaría ganar algo extra. El motivo por el cual no hago esto es que sé que, aunque Carolina quisiera (o incluso necesitara) ganarse un dinero adicional, probablemente preferiría que yo pensara que su situación económica es buena, y su respuesta sería: "No, realmente no estoy interesada".

Lo que SÍ hago, es acercarme a ella y decirle algo así: "Oye Carolina, acabo de iniciarme en un nuevo y emocionante negocio y tal vez puedas echarme una mano. ¿CONOCES A ALGUIEN que estaría interesado en ganar algún dinero extra?" (ó: "interesado en comenzar un segundo negocio")

Fíjese en el "tercero": ALGUIEN.

Le estoy preguntando si CONOCE A ALGUIEN.

Experimente un poco con esto. Pregúnteles a las próximas diez personas con las que se tope (el empleado de la gasolinera, el pulpero, el barbero o peluquero, el tintorero, etc.) si CONOCEN A ALGUIEN a quien le gustaría ganarse un dinerito extra; tan sólo observe la reacción. La manera en que responden le revelará algo.

Probablemente, en la mayoría de los casos la respuesta será: "¿De qué se trata?" Dirán: "¿De qué se trata?" por ser ELLOS MISMOS la persona a QUIEN CONOCEN a quién le gustaría ganarse algún dinero adicional. Tan sólo quieren saber un poquito más al respecto para poder decidirse.

Cuando dicen: "¿De qué se trata?" no los mantenga en el aire. Algunas personas se sienten ofendidas cuando se les quiere arrastrar hasta la casa de alguien para una presentación de hora y media sin tener la más mínima idea del porqué tienen que llegarse hasta allá. (Algunas empresas entrenan a su gente a no decir nada)

La respuesta que usted les dará, cuando se lo pregunten, será: "Está usted familiarizado con el Mercadeo Multinivel?" Ellos le contestarán que sí o que no. Si dicen que sí, pregúnteles qué es lo que saben. Entable una CONVERSACIÓN EN TÉRMINOS GENERALES acerca del MMN. (Vea el Capítulo I "Una introducción al MMN") Destaque algunas de las características y de los beneficios que se derivan de la participación en el Mercadeo Multinivel en general.

En el momento propicio, invítelos a reunirse con usted (si aún están interesados) para echarle un vistazo al PROGRAMA EN PARTICULAR en el que usted participa. Explíqueles que tomará alrededor de una hora contarles TODA LA HISTORIA. No intente "zumbarles" el programa en la esquina de la calle o cuando se supone que estén trabajando. Sin presentarles EL CUADRO COMPLETO lo único que lograría sería confundirlos. Les estaría dando suficiente información para poder decir que no y no la suficiente para poder decir que sí.

Si usted conduce el entrenamiento de su gente en la forma descrita, no tendrá necesidad de dedicarse a la prospección. En el proceso de apoyar a la gente que usted ha introducido al negocio, se topará con otras personas con las que podrá conversar. Al toparse con estas personas, querrá hablarles del Mercadeo Multinivel con la mira de introducirlos a su programa. La mayoría de las personas se cohiben de hacer esto, por temor a que le digan que "no". Esto se denomina "TEMOR AL RECHAZO".

Un buen ejemplo sería el de un baile en la secundaria. Un muchacho asiste a su primer baile. Cruza el salón para sacar a bailar a una muchacha. Ella le dice que no y sintiéndose él así RECHAZADO por ella, se da la vuelta para más nunca volver a sacar a otra muchacha a bailar. Podría haber jurado, que todo el mundo en el auditorio tenía los OJOS

CLAVADOS sobre él en el momento en que ella lo rechazaba. A nadie le gusta ser rechazado.

Otro tipo de muchacho en su lugar sacaría a una muchacha a bailar y si ésta le dijera que no, se lo pediría a la siguiente, y a la siguiente,...y ese mozo se la pasaría bailando toda la noche.

Para SOBREPONERSE al temor al rechazo queremos se disponga a tomarle el pelo a su mente para que pueda prepararse para hablar con un mayor número de personas. Para hacerlo, imagínese a sí mismo parado en un muelle. Recuerde que si está esperando que atraque SU barco, primero debe haberlo echado a la mar.

Usted debe BOTAR AL AGUA algunos barcos. Si echa a la mar un barco solamente y este regresa vacío, ¿de qué le sirve que atraque su barco? Mientras más barcos bote usted al agua, más probabilidades tendrá de que algunos atraquen con una carga de ORO. Usted debe trabajar con aquellos barcos cuya carga es de ORO.

Gran parte de la gente nunca ha botado un barco al agua por lo que en su subconsciente no se alberga nada que pueda hacerles daño. Observe la rampa de lanzamiento. Cada vez que usted le pregunta a alguien si CONOCE A ALGUIEN que esté interesado en aumentar sus ingresos, no hace mas que botar un barco al agua. Si le dice que no sabe de nadie, usted puede decirle: "Muy bien, si se acordara ó topara con alguien, podría usted pedirle que me llame?" (entréguele su tarjeta de presentación) Y así de ningún modo se puede considerar usted rechazado.

Hay sólo dos resultados posibles al lanzar un barco. FLOTARÁ, ó, SE HUNDIRÁ.

Si SE HUNDE, ¡qué le importa! ¡Usted está parado sobre el muelle!

Si FLOTA, ¡Maravilloso! Envíelo a alta mar y ayúdelo a convertirse en un barco cargado de oro.

Después de enseñarles las Presentaciones Servilleta Nºs 5 y 6, las personas le comunicarán que ellos planifican convertirse en "oro". Dirán tal cosa porque usted acaba de aclararles que sólo trabajará con BARCOS DE ORO, y ellos QUIEREN QUE USTED TRABAJE CON ELLOS. ¡Aproveche la invitación! ¡Usted también se beneficiará!

Notes

Notas

CAPÍTULO VIII
Presentación Servilleta Nº 7
A QUÉ DEDICAR EL TIEMPO

MÁS ABAJO SE INDICA EN FORMA GRÁFICA la manera como debería usted distribuir su tiempo. En esencia, al principio el 100% de su tiempo debería estar dedicado al patrocinio.

"Pero," preguntará usted: "¿no debería yo más bien invertir mi tiempo en aprender, siendo que las primeras semanas en el negocio constituyen mi MES DE ENTRENAMIENTO?". Pues sí. Así es. Sin embargo, no olvide que ES PARTE de su entrenamiento el que su Patrocinador le ayude a usted a patrocinar. Aun cuando es su patrocinador el que realiza el "trabajo", es USTED el que se beneficia por ser el patrocinador de la gente que está siendo patrocinada.

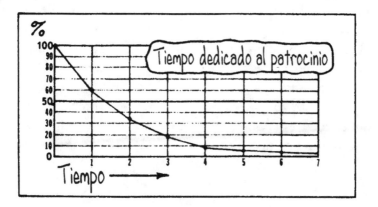

En los programas de MMN usted puede comenzar a patrocinar a otros tan pronto como usted mismo haya sido patrocinado en el negocio.

Cuando entra y se inicia en el MMN, su negocio lo conforma USTED solamente. Si quiere que el negocio se convierta en un negocio exitoso, debe encontrar, como usted ya sabe, a 5 PERSONAS SERIAS para patrocinarlas. Quizás tenga que patrocinar a más de 5 para hallar a las 5 que tomen el negocio en serio.

Con el transcurrir de los días, se va reduciendo la cantidad de tiempo que usted le dedica al patrocinio. ¿Porqué? Porque de repente encuentra usted a una persona seria, … luego dos, … después tres, …cuatro, …y una vez reunidas a las cinco personas serias, ya no necesita dedicar todo su tiempo a la tarea de salir al encuentro de candidatos para patrocinar. Dedique su tiempo a ENSEÑARLE a estos 5 "Barcos de oro" a patrocinar. Enséñeles también como enseñarle a su gente a patrocinar. Tan pronto como alcancen ellos 3 o 4 niveles de profundidad en sus propias organizaciones y no lo necesiten más a usted , podrá ir en pos de otra persona seria para patrocinar que los reemplace a ellos.

Cuando tiene cinco personas serias, usted debe dedicar el 95% de su tiempo a trabajar con ellos, el 2 _% de su tiempo a servir a los clientes que ha cultivado entre sus amigos y el 2 _% remanente a "sembrar semillas". De esta manera, cuando una ó más de sus 5 personas serias son "cosechadas" y ya no necesitan de "riego y cultivo" usted podrá trabajar con las "semillas" que ha sembrado para ayudarlas a "brotar".

Debe de estar consciente de que está usted distribuyendo el producto el 100% de su tiempo. Es el resultado natural de trabajar con su gente. Y eso es lo que conforma la parte "venta" del negocio o lo que a nosotros nos gusta llamar "COMPARTIR".

Notas

Notas

CAPÍTULO IX
Presentación Servilleta Nº 8
ECHAR TODA LA CARNE
EN EL ASADOR

OTRO TÍTULO que de vez en cuando empleamos para esta Presentación es "La Hoguera". Supongo que habrá ido a acampar al aire libre. Habrá notado que al separar la leña de la fogata se apaga el fuego. Si la junta nuevamente, el fuego vuelve a arder. O sea, si lo único que tenemos es UN LEÑO, entonces no tenemos NADA.

Si tenemos DOS LEÑOS, tenemos una LLAMA. Cuando se juntan TRES LEÑOS, tendremos un FUEGO.

Para el momento en que se junten CUATRO LEÑOS, ¡tendremos una HOGUERA!

Igual sucede con las personas. La próxima vez que usted y su patrocinador se reúnan con alguien, por ejemplo en un restaurante, y usted llega primero (y se encuentra solo durante un tiempo) observe la presencia (o la ausencia) de ENERGÍA alrededor de la mesa.

Observe cuanta MÁS ENERGÍA hay con la presencia de dos, a la llegada de su patrocinador.

Los dos están allí para encontrarse con alguien, y cuando éste llega, hay AÚN MÁS ENERGÍA.

Cuando llega una cuarta persona, ¡realmente las cosas están que arden! Nos gusta llamar estas reuniones "hoguera" o "SESIONES ASADOR". Su programa MMN es el "asador" y todo el mundo sabe que para lograr cierto propósito, se debe ECHAR TODA LA CARNE EN EL ASADOR.

Así que querrá reunirse con su patrocinador para compartir las Presentaciones Servilleta con uno o dos de los integrantes de su línea descendiente para llevarlos a "asar" y lograr que se entusiasmen anticipando el futuro.

Un buen lugar para hacer esto sería un restaurante. Escoja una hora de poco movimiento, alrededor de las 10 de la mañana o de las 2 de la tarde. Es recomendable que establezca un horario para que su grupo sepa donde encontrarlo durante la semana. Será como si todo el mundo estuviera fuera buscando madera para alimentar el asador o la HOGUERA.

Si usted llevara a alguien un tanto escéptico ("un leño mojado") a una "Sesión asador" y lo introdujera a la HOGUERA, se secaría y se volvería parte del fuego.

Pero, ¿qué pasaría si usted fuera un novato en el negocio y se hallara solo hablando con un escéptico? Sería como tratar de poner un leño mojado sobre nada.

Comparémoslo a usted, recién arrancando en el negocio, a una astilla. Su patrocinador que ha estado en el negocio por un mayor lapso de tiempo, es un LEÑO. Un LEÑO y una ASTILLA pueden crear una LLAMA. El tan sólo tener a alguien a su lado puede marcar la diferencia, ya que le ofrece a su patrocinador la oportunidad de entablar una conversación con alguien. Quizás yo deseara dirigir el mensaje a Juan pero si me dirijo directamente a él, es posible que no tenga oídos para oír mi mensaje. Sin embargo, si hablara con Carolina, a sabiendas de que Juan está escuchando …; es asombroso como las personas son más receptivas cuando son simples oyentes, que cuando alguien se dirige a ellos directamente.

Otro aspecto de estas HOGUERAS en un restaurante es que ¡se vuelven muy energéticas! Hay personas (llamadas "orejones") que furtivamente podrían "tener los oídos parados" durante alguna parte de la conversación. Usted puede pescarlos fácilmente mientras se reclinan hacia atrás en su silla con el fin de poder escuchar mejor.

ESTÉ ATENTO al terminar la reunión, ya que algunas de estas personas estarán MUY interesadas. Al concluir la sesión asador, cuando todos se hayan despedido, es recomendable que usted se QUEDE ATRÁS unos minutos. Déles la oportunidad de acercarse hasta usted. No vendrán a la mesa cuando haya cuatro personas, pero quizás se acerquen al quedarse usted solo.

Siempre comenzamos las sesiones "hoguera" pidiéndole a las personas a medida que van llegando que relaten alguna experiencia positiva vinculada con los productos o con su organización. Durante la reunión sólo hablamos del negocio. No tratamos de resolver la crisis en el Medio Oriente, ni ninguno de los otros problemas mundiales. NOS REUNIMOS para compartir ideas sobre como construir el negocio, y, cómo hablar con la gente acerca de nuestro negocio.

Siempre terminamos la sesión con unas palabras de despedida, como las que siguen: "!Imagínense! ¡Esto es todo lo que tendremos que hacer! Resulta contagioso, en especial si los que se unen al grupo son personas que todavía tienen un empleo regular de 9 a 5, y tienen que regresar a la oficina porque ya se acabó la "hora del almuerzo". Podría despedirse de ellos cuando salen para irse a su trabajo: "Hasta luego, Nacho, pero recuerde…" Tal vez interrumpan diciendo: "Sí, sí, ya sé. ¡Esto es todo lo que tendremos que hacer! Nacho se sentirá motivado a apresurarse a alcanzar esa misma posición cuanto antes.

Notas

CAPÍTULO X
Presentación Servilleta Nº 9
MOTIVACIÓN Y ACTITUD

UNA DE LAS PRESENTACIONES SERVILLETA MÁS IMPORTANTES es esta sobre la MOTIVACIÓN. Le dará una comprensión cabal sobre qué es lo que motiva a la gente. Aprenderá usted cómo trabajar con su gente para que se sientan motivados.

Comience por escribir la palabra "MOTIVACION" en la parte superior de la servilleta o del pizarrón. Seguidamente dibuje dos flechas, una apuntando hacia arriba, y la otra hacia abajo. Indique que hay dos tipos de motivación: MOTIVACION NEGATIVA y MOTIVACION POSITIVA. Marque las

flechas así. La MOTIVACIÓN NEGATIVA es lo que llamamos un "baño caliente", mientras que la MOTIVACION POSITIVA es constante. Permítame elucidar sobre esto. La mayoría de ustedes posiblemente han estado en una reunión de motivación e inspiración donde se han sentido compenetrados y motivados a participar (de nuevo) en el programa. Por lo general sucederá que los asistentes se enfriaron en cuestión de un par de semanas o meses. Al darse un baño caliente, cuanto más caliente esté el agua, tanto más rápido parece enfriarse usted después.

He visto a personas asistir a talleres de motivación con una duración de hasta tres días, sólo para encontrarse completamente deprimidas a las dos semanas de llegar a casa. ¿Porqué? Durante tres días andan por las nubes, están realmente motivados, pero ¡nadie les explicó QUÉ era lo que tenían que hacer y,o CÓMO hacerlo! Consiguientemente se deprimen.

Aun el acto de leer este libro constituye un "baño caliente" (Llegaré a la motivación POSITIVA en un momento). El asistir a talleres, el reunirse con el patrocinador, el leer un libro, el distribuir algún producto, el adquirir más conocimientos; todos son manifestaciones del baño caliente o de la motivación negativa. Sin embargo, no queremos decir con esto que tales cosas sean innecesarias.

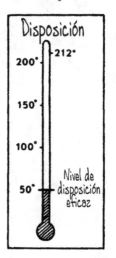

Antes de hablar sobre la MOTIVACIÓN POSITIVA, quiero hablarle acerca de nuestra actitud. Imagínese que va a hablar con alguien sobre el negocio. Esta persona no sabe nada sobre el mismo, por lo que posee un nivel de actitud de cero. Digamos que para poder hablar eficazmente sobre el negocio necesita un nivel de actitud de 50 grados. Si su nivel de actitud no alcanza los 50 grados, mejor es no hablar con nadie, porque lo único que conseguirá con ello es que lo desmoralice.

Suponga que la persona a quien quiere patrocinar ha asistido a la presentación. Ha firmado la planilla de afiliación. Quiere empezar, y ¡vaya, que está entusiasmada con el negocio! Ha alcanzado los 65 grados, ¡va a hacerse RICO! Y antes de tener la oportunidad de recibir instrucción sobre el negocio, sale disparado y empieza a hablar con las personas. Ya que realmente no sabe como desenvolverse cuando se enfrenta a un escéptico negativo, se vuelve negativo él también. Aun por causa de amigos y familiares bien intencionados que, quizás, sufrieran alguna desilusión después de haber sido "afiliados" por alguien que tan sólo quería "hacerse rico" a cuesta de ellos, en vez de ser afiliados por alguien que quería o podía ayudarlos a montar un negocio: un verdadero patrocinador o patrocinadora, cuya prioridad fuese ayudar a otros antes de ayudarse a sí mismo.

¿Qué pasa si cae por debajo del nivel de 50 grados? Usted se reúne de nuevo con el, responde a las preguntas y objeciones, y el subirá de nuevo, tal vez hasta 70 grados. Y esta vez se mantendrá por más tiempo antes de decaer de nuevo en su nivel de actitud por debajo de los 50 grados.

LA PREGUNTA: ¿Le gustaría tener un nivel de actitud de aproximadamente 50 grados TODO EL TIEMPO? En otras palabras, no subir y bajar como un ascensor, sino mantenerse CONSTANTE. La única manera de lograrlo, es a través de la MOTIVACIÓN POSITIVA, porque la MOTIVACIÓN POSITIVA es CONSTANTE.

He aquí la MOTIVACIÓN POSITIVA: Usted tiene patrocinador (Pa.). Su patrocinador le ayuda a USTED con el patrocinio de sus candidatos. Comenzaremos con 5. Observe que cuando patrocina a 5 personas, solamente tiene 25 grados. Una vez más, se debe evitar el error de patrocinar a un número mayor de personas del que se puede manejar eficazmente. De hacer caso omiso, con cada patrocinado se añadirían 5 grados, pero estos se perderían con la misma rapidez con la que se obtuvieron.

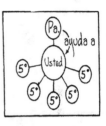

Su patrocinador le asistió a usted en la tarea de patrocinar a estas

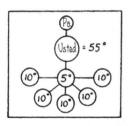

cinco personas. Usted, a su vez, ayudará a sus propios 5 a patrocinar a sus 5 para que obtengan los 5 grados correspondientes sobre cada uno. Los 5 grados de ellos le representan 10 grados a usted. Todas las personas del segundo nivel equivalen a 10 grados cada uno para usted. OJO: Si usted tan sólo ayudara a uno de sus cinco a patrocinar a sus 5, sobrepasaría los 50 grados.

Observe lo que pasa cuando enseña como patrocinar un nivel más en línea descendiente. El tercer nivel equivale a 20 grados. El cuarto a 40 grados. ¡A mayor profundidad, más calor!

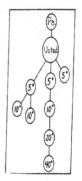

La única forma de apreciar este fenómeno es cuando empieza a suceder, por lo que usted quiere que esto le suceda a sus distribuidores cuanto antes. Una vez que lo hayan experimentado, ¡se sentirán EMOCIONADOS!

Un ejemplo: Carolina patrocina a Tomás, y Tomás patrocina a Guille. A Carolina la llaman por teléfono y le informan que Guille había salido la semana anterior y que había patrocinado a 5 personas serias, ¡realmente está tomando las riendas! El resultado de esto es que todo el mundo en línea de patrocinio ascendiente se llena de ENTUSIASMO. Observe la flecha señalando hacia ARRIBA. Por eso la llamamos "MOTIVACIÓN POSITIVA".

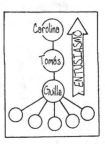

Usted necesita ayudar a los distribuidores que patrocina en la tarea de apoyar a su gente. Sin embargo, no hay regla sin excepción: Cuando usted patrocina a alguien en el negocio, ellos son Barcos de plata. Todo el mundo entra en calidad de Barco de plata. Están entusiasmados pero realmente aún no han tomado las cosas en serio.

Todo el mundo tiene por lo menos un amigo. Reúnase con sus distribuidores y ayúdeles a patrocinar a algunos de sus amigos que ingresarán en calidad de Barcos de plata. APOYE a sus distribuidores a mediado que vayan ayudando a sus amigos a patrocinar a más amigos en línea descendiente a una profundidad de tres ó más. De pronto, en algún lugar en línea descendiente surge alguien que resulta ser un BARCO DE ORO. Y esto es lo que hace usted: desciende y trabaja ese ORO, el primer y verdadero ORO que ha hallado en esa línea. Sucederá que en el proceso de ayudar a este Dorado, los de Plata se van convirtiendo en Oro.

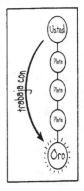

Esta es la manera de convertir a los de Plata: desarrolle a alguien debajo de ellos. Si ese distribuidor debajo de ellos realmente se convierte (en Oro), los de Plata que lo patrocinaron pensarán: "Caray, más vale que me ponga a trabajar…" No hay nada que motive más a la gente que el tener, en línea descendiente, a una persona que esté LOGRANDO ALGO. Se dice que "Se puede motivar más rápida y eficazmente a la gente colocándola una vela encendida debajo del asiento, que con un soplete en el asiento de la razón.

En resumen: lo último que desea hacer es crear una dependencia en aquellos que usted patrocina. Sus patrocinados no pueden depender de usted para siempre; de esa manera no funcionaría. Se debe llegar al punto en que ya no lo necesiten. Sabrá que ha llegado ese momento cuando sus propios distribuidores ya saben enseñarle a su gente como enseñar cada una de las diez Presentaciones Servilleta. Para entonces ya saben todo lo que se necesita saber para construir una organización sólida. Entonces usted quedará libre para ir en pos de otra persona seria para reemplazarlos.

Supongamos en este ejemplo que usted patrocinara a Susana. Y le dijera: "Susana, imaginemos que tu eres como el sol. El sol tiene más energía que cualquier otra cosa de la que se tiene conocimiento." (Es algo así como un cumplido indirecto). Y continuara diciendo: "La persona que tú (Susana) patrocinas es como una olla de agua." (OJO: Usted patrocinó a Susana pero no vaya a asumir el papel del sol ya que implicaría que ella es una olla de agua, cosa que no resulta muy halagadora.)

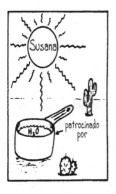

"Así que, en su grupo hay un 'sol'". ¿Cuál sería el punto de ebullición? Si usted tomara una olla de agua y la dejara en medio del desierto más caliente, en el día más caluroso del año, aún así, el agua no herviría. Se necesitan 212 grados Fahrenheit (100° C) para poner a hervir el agua. No hervirá a 210 grados, ni a 211 grados, debe alcanzar como mínimo los 212 grados para hervir.

Dése cuenta de que si su actitud fuera de 212 grados y tan sólo se necesitara alcanzar los 50 grados para ser eficaz, usted podría hablar con cualquier persona, en cualquier momento, sobre lo que está haciendo. Así que, es esta la dirección en la que se mueve su actitud. Acabamos de decirle que el sol no puede hacer que hierva el agua. Tampoco puede hacerlo su patrocinador. Ningún tipo de motivación "baño caliente" lo puede lograr.

No importaría que todos los líderes de todas las empresas de Mercadeo Multinivel llegasen a la ciudad para celebrar reuniones; y que usted asistiera a cada una de ellas, su agua jamás herviría. Pueden ellos llevarlo por encima del nivel de actitud eficaz de 50 grados, pero dependerá de usted que hierva, o no, el agua. Y recuerde que su patrocinador le ayudará.

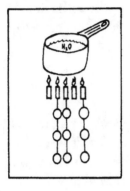

En otras palabras, usted conoce a algunas personas a las que su patrocinador no conoce. Su patrocinador le acompañará para ayudarle a patrocinar a alguien. Una vez que haya patrocinado al primero, habrá prendido el quemador debajo de la olla. Con 5 personas patrocinadas usted ha encendido las cinco llamas del quemador, el número máximo que puede cubrir la olla efectivamente. Dése cuenta de que el agua todavía no ha empezado a hervir. Tan sólo tiene 25 grados si sus 5 distribuidores aún no han patrocinado a nadie. Pero, cuando cualesquiera tres de los cinco desarrollen una línea descendiente de 3 de profundidad, o cualesquiera 2 una línea de cuatro de profundidad, el agua comenzará a hervir.

Cualquier combinación que sume los 212 grados debajo de la olla hará hervir el agua. Una vez que el agua empiece a hervir, el sol (la patrocinadora) puede marcharse y el agua seguirá hirviendo. Una vez que le haya enseñado esto a un distribuidor, y lo llame por teléfono, éste se dará cuenta de que usted lo está llamando porque desea ayudarlo. No lo está llamando para aplicarle el soplete a la cabeza, mas bien, lo está llamando para ver si puede prender otro quemador o si puede subir la temperatura debajo de los que ya están prendidos. Usted quiere ayudarle a poner a hervir el agua. Mientras más profundo descienda por el grupo, tanto más caliente se pondrá el quemador.

Todos los programas, al tener una persona con el agua hirviendo, se ven como el ejemplo a mano derecha. Fíjese que tiene usted allí también a otras personas patrocinadas. La primera en hervir, no necesariamente era la primera que usted patrocinó. Es la primera en tomar en serio el negocio, en desarrollar su organización en profundidad, y de mantenerla creciendo.

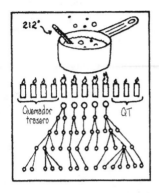

Cuando el agua hierve usted puede seguir trabajando con cinco personas serias. Fíjese que la olla sólo puede ser colocada sobre 5 llamas a la vez. (Esto concuerda con la primera Presentación en el Capítulo II) Si usted ha patrocinado en el negocio a 15 personas solamente puede trabajar eficazmente con 5 a la vez. Puede ser que tenga que patrocinar de 10 a 20 personas para conseguir a estas 5 personas serias. ¿Qué pasa con los demás? Los colocamos en el quemador trasero, por decirlo así. Por tanto, cuando tenga el agua hirviendo en uno ó más de los "5", antes de que vaya a salir a patrocinar a alguien más, échele un vistazo al quemador trasero y haga que las personas allí colocadas sepan lo que está sucediendo. Podría descubrir que al momento en que usted los patrocinó, ni el tiempo, ni las circunstancias eran propicias para que ellos pudieran tomar el negocio en serio, pero que tal vez ahora si lo sean. Tal vez tan sólo hayan estado esperando para ver como le va a usted en el programa. Por tanto, no ignore el quemador trasero.

Notas

CAPÍTULO XI
Presentación Servilleta Nº 10
EL PENTÁGONO DE CRECIMIENTO

CINCO ha sido el número "mágico" a través de este libro, así es que resulta apropiado que esta última Presentación sea un ejercicio matemático semejante a un paseo de placer por 5 lados, el cual también tiende a ser AUTOMOTIVADOR cada vez que se lo enseña a alguien.

Este "Pentágono de crecimiento" nos da una perspectiva importante de la VELOCIDAD con que puede crecer su organización si usted adopta los principios que delineamos en este libro.

Comience por dibujar un pentágono y escriba "USTED" en el centro.

Tomaremos en cuenta el Mes de Entrenamiento y haremos incrementos de dos en dos meses a medida que vayamos desarrollando el crecimiento de su organización (Sin embargo, puede emplear cualquier lapso de tiempo que desee).

Usted ingresa al negocio y a los dos meses ya ha patrocinado a cinco personas que realmente quieren tomar las riendas de su vida en las manos. (Escriba 2M-5 en uno de los lados del pentágono según se indica en la figura para "2 meses")

Al transcurrir 2 meses más (o sea, al final de 4 meses), los cinco del segundo mes, habiéndoseles enseñado que deben hacer lo mismo que usted está haciendo, le dan 25 distribuidores en el segundo nivel. Durante el mismo lapso de tiempo usted ha desarrollado otras 5 personas serias en el primer nivel. Su pentágono es ahora como el que se muestra más arriba.

Después de 6 meses usted podría tener 125 personas en el tercer nivel por debajo de sus cinco "originales", 25 en el segundo nivel debajo de su segundo grupo de cinco personas serias, además de haber desarrollado un tercer grupo de cinco.

Al terminar los 8 meses su pentágono de crecimiento podría verse como el ejemplo a mano derecha.

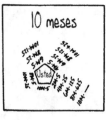

Ahora, en este momento, pásele la servilleta (o el bloc) a su alumno, entréguele un bolígrafo y pídale que complete el diagrama hasta los 10 meses. En la columna del grupo inicial tan sólo agréguele una línea indicando los 10 meses (10M__) ya que la cifra sobrepasa a los 3.000 (3.125 para ser exactos) y es demasiado alta para que uno se pueda identificar con ella. En el ejemplo a la izquierda se muestra como debería verse el resultado ahora.

Paséese una vez más alrededor del pentágono para extender la figura hasta por un año.

Para realmente hacer mayor hincapié en que el construir en profundidad puede hacer crecer su organización rápidamente, tache todos los grupos menos el grupo de las cinco personas serias originales. Señale a su alumno que si todo lo que construyere fuera este grupo (y no se preocupare por ninguno de los grupos tachados) estaría percibiendo US$ 6.000 al MES o más, dependiendo del "vehículo" empleado. El propósito principal de este ejercicio es el de mostrar la importancia de trabajar en LÍNEA DESCENDIENTE con sus patrocinados y de ENSEÑARLES A ELLOS A HACER LO MISMO.

Ahora ¡Vaya y Hágalo!

Notas

Notas

CAPÍTULO XII
DE REGRESO A CLASES

LA ACTITUD QUE USTED TENGA puede marcar la diferencia en lo que al patrocinio de un distribuidor nuevo se refiere. La actitud de la mayoría de los distribuidores parece expresarse así: "¿A quién puedo meter en el negocio?" A mi parecer la actitud apropiada debería ser: "¿Quién será la próxima persona a quien le pueda yo ofrecer la oportunidad de jubilarse?" Si usted está convencido de que es posible para una persona jubilarse en un período de uno a tres años y supiera como enseñarle esta posibilidad con una presentación de apenas 2 minutos, ¿para qué querría ofrecerle usted esta oportunidad a un desconocido?

Para uno poder jubilarse en un período de uno a tres años con más de US$ 50.000 al año, debe estar dispuesto a regresar a clases. Se puede aprender todo lo que se necesita saber apartando para la investigación entre cinco y diez horas semanales durante seis meses. "Jubilarse" sencillamente quiere decir "... no ir a trabajar a menos que uno lo desee." Si alguien le dijera que va a probar durante 30 días para ver como le va, no malgaste su tiempo. No se puede cavar un cimiento en 30 días. Tomará por lo menos seis meses.

Las clases a las que me refiero se dictan en la escuela de la PARTICIPACIÓN. Con el mero salir de casa para asistir a la sesión semanal de entrenamiento, asistir a la reunión, tomar café, y conducir de vuelta a casa, habrá dedicado entre tres y cinco horas a sus clases. El resto del tiempo lo dedicará a escuchar cintas de audio de motivación positiva, cintas de audio acerca de su programa, reuniones con su patrocinador, asistir a sesiones asador, hablar con candidatos, etc. Todo esto se puede hacer conjuntamente a todas las demás actividades que ha estado desarrollando fuera del MMN.

En los talleres que dicto por todos los Estados Unidos y el Canadá he hecho la siguiente pregunta: "¿Sabe alguno de ustedes de una carrera universitaria de cuatro años en la que uno pueda graduarse con la esperanza de jubilarse en un lapso de uno a tres años con más de US$ 50.000 anuales?" Nadie ha podido jamás nombrarme siquiera una. Nadie en ninguna parte ha podido pensar en una carrera universitaria con la que se pueda entretener la más mínima posibilidad de que esto suceda. ¡Ni remotamente! Es esto lo emocionante del MMN. En un lapso de seis meses realmente se puede aprender todo lo que se necesita saber para jubilarse en un período de uno a tres años.

¿Se acuerda de cuando usted estudiaba como iba a la librería a comprar los libros para el semestre? Libros de texto gruesos y pesados. No veía la hora de llegar a su habitación para poder empezar a estudiarlos. ¿Recuerda lo difícil que se le hacía aguantar hasta el momento de fin de curso para ser examinado sobre el material estudiado? Durante todo el tiempo en que asistió a la universidad, ¿le pagó alguien para que fuera? Entonces, siendo que fue a la universidad durante cuatro años sin recibir paga alguna, y ya que no albergaba ni la mas remota esperanza de poder jubilarse en un lapso de entre uno y tres años, ¿porqué ahora le preocupa tanto lo poco que ha ganado en su primer par de meses en el MMN? Recuerde que está de regreso a clases. En la Universidad MMN.

Algunas personas en el MMN se desaniman después de tan sólo unas cuantas semanas. No creo que tengan el derecho de desanimarse a menos que hayan pasado por lo menos seis meses en la Universidad MMN. Le gustaría que un estudiante médico le operara después de tan sólo unas semanas de haber ingresado al colegio médico. Es muy probable que se sentiría defraudado con el resultado.

Pregúntele a un médico, a un abogado, a un dentista, o a cualquier otro profesional durante cuanto tiempo han estado ejerciendo su profesión. Sacarán la cuenta con base en la fecha en que se graduaron y no a partir del día en que ingresaron a la universidad. Cuando usted le pregunta a alguien en el MMN durante cuanto tiempo ha estado en el negocio, le dirá que desde el día en que firmó la Planilla de afiliación o el Acuerdo de distribución. En realidad, el tiempo que lleva en el negocio debería empezar a contarse a partir del momento en que llegó a saber lo que estaba haciendo.

La única vez en la que estará usted desilusionado es cuando espera algo y no lo obtiene, o no se da. Demasiados distribuidores ingresan en el negocio del MMN con la expectativa de empezar a ganar un buen billete de inmediato. Antes que nada es menester regresar a clases. La educación toma por lo menos seis meses. Considere a aquellos que ingresan a la universidad. Después del primer semestre del año todavía tienen tres años y medio por delante antes de que puedan siquiera estar preparados para salir a buscar empleo.

Para realmente tener éxito en el MMN, usted debe enseñar a otras personas a tener éxito. Sus distribuidores deben dejar de preocuparse tanto por la cantidad de dinero que están ganando y esmerarse más por enseñar y trabajar con su línea descendiente. Cuanto antes hagan esto, tanto más pronto hallarán el verdadero éxito en el MMN. Pero toma tiempo. Antes de que pueda enseñar a los demás, usted mismo debe aprender lo que tiene que hacer.

A los distribuidores en su organización a quienes se les hace difícil hablar con sus amigos es muy probable que sea porque realmente no creen que puedan jubilarse en un lapso de uno a tres años, ó, no entienden como podrían hacerlo realidad. La siguiente es una presentación sencilla que puede usarse para enseñar como se puede desarrollar un ingreso cuantioso en un período de seis meses a tres años. Tan sólo toma un par de minutos para aprenderla y aproximadamente dos minutos para enseñarla. Es una variación sobre la Presentación Servilleta N° 1 del Capítulo II.

Supongamos que usted tenga un distribuidor nuevo a quien le dice: "Entre todas las personas que conoce o que podría llegar a conocer con mi ayuda, ¿piensa que podría patrocinar a cinco personas antes de finalizar el primer mes? ¿Personas a quienes les gustaría aprender como jubilarse en un lapso de uno a tres años?

La mayoría dirá "A todos los que conozco les gustaría poder hacer eso."

No cometa el error de ir a visitar a cinco personas a la vez con su distribuidor. Vaya con el distribuidor cinco veces para visitar a cada persona individualmente.

Si visitaran a las cinco a la vez, una persona negativa entre ellos podría echarlo a perder todo para las otras cuatro. Además, cuando usted acompaña a su distribuidor cinco veces, éste alcanza a ver la presentación cinco veces, en vez de una solamente. Ahora, después de este entrenamiento estará listo para acompañar a cada uno de sus propios distribuidores cinco veces. Su distribuidor se volverá un experto al practicar con los candidatos de ellos al igual que lo hizo usted al practicar con los de él.

Si usted puede patrocinar a cinco distribuidores SERIOS para fines de sus primeros treinta días, debería también estar capacitado para ayudarles a ellos a patrocinar a cinco al final de tres meses. Cuando sus distribuidores estén ayudando a sus cinco, usted estará brindándole apoyo a un grupo en línea descendiente y enseñándole a su gente a hacer lo mismo. Al final del sexto mes usted habrá alcanzado el tercer nivel. ¿¡Qué importa si le toma un año!? Al hacer la presentación, las rayas (— —) a ambos lados del 5 (— 5—), del 25 (—25—) y del 125 (—125—)representan sus compradores al por mayor, o a aquellas personas que se afiliaron para quitárselo a usted de encima. El gráfico debería verse como sigue:

— Usted —

Al final del 1er mes —5—
Al final del 3er mes —25—
Al final del 6¼ mes —125—

A esta altura debería tener un total de 155 distribuidores SERIOS. Si está construyendo bien su negocio, en el proceso de compartir la oportunidad se topará con algunos que la pasarán por alto. Sin embargo, muchos de ellos se convertirán en compradores al por mayor o en clientes al por menor.

Digamos que cada uno de sus distribuidores tenga por lo menos diez amigos clientes. Cuando se multiplican los diez amigos clientes por 155 distribuidores serios, se obtienen 1.550 amigos clientes. Ya que sus distribuidores también son consumidores, tendrá que agregar 155 a los 1.550 dándole un total de 1.705 clientes. Considere también que hay tres motivos por los que un distribuidor cliente compra un número de productos mayor al que compra un amigo cliente: 1. El distribuidor cliente tiene mayor conocimiento de la línea completa de productos; 2. El distribuidor cliente puede comprar los productos al precio por mayor y, por lo general, en lo personal tiende a ser más liberal en el uso de los mismos; 3. El distribuidor cliente compra productos para regalarlos. Usted debe alentar a todos sus distribuidores a usar muestras de productos, además de hacerlo usted también.

La línea (- - -) debajo de "155" representa los compradores al por mayor a los que no se están tomando en cuenta. Tan sólo significaría una mayor ganancia. Su presentación se vería algo así:

Ahora multiplique los 1.705 por US$ 30 para obtener el total de ventas del grupo en el mes. La mayoría de los lectores están activos en programas en los que las ventas personales superan ampliamente los US$ 30 al mes. Empleo esta cifra para ser más bien conservador. Usted no querrá reventarles la cabeza a los candidatos. Por tanto, en el nivel 3 pregunta usted: "¿Qué pasaría si tomara un año en vez de seis meses? ¿Valdría la pena?"

Al multiplicar los US$ por el total de 1.705 clientes, se obtiene un volumen total de US$ 51.150. Señale que sólo se está trabajando con CINCO distribuidores SERIOS.

Con un volumen de ventas por encima de los US$ 50.000 al mes, y sin contar los compradores al por mayor, se obtendría una ganancia entre US$ 2.000 y US$ 6.000 al mes.

La discrepancia entre los US$ 2.000 y US$ 6.000 al mes se debe a que no todo el mundo tiene sus diez amigos clientes; algunos podrían tener más.

A estas alturas ya habrán pasado entre 10 y 15 minutos de su presentación. Es ahora que hace la pregunta que le permite saber si el candidato está dispuesto a apartar tiempo suficiente para aprender a manejar. Si la respuesta es "No", siga con los productos y convierta al candidato en otro cliente al por menor. Si dice que "Sí" continúe con la diferencia entre 5 y 6 en la próxima presentación,. Cuando complete esa presentación, el candidato estará más que dispuesto a saber más sobre el vehículo.

He aquí la pregunta de los US$ 64: ¿Si usted pudiera estar ganando entre US$ 2.000 y US$ 6.000 al mes dentro de seis meses, por encima de lo que está devengando actualmente, se vería a sí mismo de regreso a clases de 5 a 10 horas semanales durante seis meses para aprender como hacerlo?

Esta presentación es sencilla y explica la mecánica del crecimiento de una organización. Es una combinación que consiste en que cada persona construya una organización y distribuya productos al por menor por un monto total mínimo determinado. Cualquiera puede desarrollar una cartera de diez amigos clientes. No se requiere ser vendedor profesional para hacerlo. Al completar su presentación debería verse de esta manera:

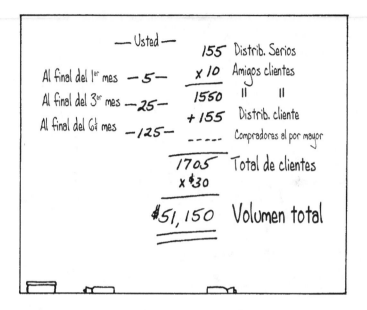

Según esta Presentación, el distribuidor SERIO es aquél que ha hecho el siguiente compromiso: Se involucrará por un mínimo de cinco a diez horas semanales durante por lo menos seis meses. Esta es la única forma en que puede aprender el negocio.

Notas

CAPÍTULO XIII
COMPROBAR ALGO
AL JUGAR CON NÚMEROS

ASÍ PUES, ¿QUÉ haría usted si un distribuidor de primera línea (un distribuidor patrocinado personalmente por usted) llegara al punto donde ya no lo necesitara más a usted? (Véase la Presentación Servilleta N° 9 en el Capítulo X). Pues bien, usted quedaría libre para patrocinar a alguien más y desarrollar una línea nueva. La definición de "línea" es cuando la organización de un distribuidor alcanza una profundidad de por lo menos tres niveles.

En vez de romperse la cabeza pensando en quien introducir al negocio, ahora usted tiene una opción. De entre todas las personas que llegó a conocer mientras trabajaba en línea descendiente con el grupo de sus primeros cinco distribuidores SERIOS, ahora podrá seleccionar uno que tendrá la oportunidad de labrar su jubilación anticipadamente.

Resulta muy emocionante cuando nos damos cuenta de que está en nuestras manos el poder de seleccionar a alguien para recibir tal oportunidad. Usted está investido de mucho poder cuando realmente comprende y cree.

Ahora tiene a seis distribuidores serios en su línea frontal. Señale que la diferencia entre cinco y seis es, por supuesto, de uno. Siga así en línea descendiente por su grupo. Seis por seis son 36. Cinco por cinco son 25. La diferencia entre 36 y 25 es de 11. Hágalo una vez más. Cinco por 25 son 125. Seis por 36 son 216 y la diferencia entre 216 y 125 es de 91. Su presentación al llegar a este punto debería verse así:

Usted	Diferencia	Usted
5	1	6
25	11	36
125	91	216

Todos los programas que tienen la modalidad de desprendimiento (breakaway) pagarán más allá de los cinco niveles y la mayoría de los programas Uninivel pagarán hasta siete niveles. Continúe en línea descendiente con múltiples de cinco hasta el séptimo nivel. Su presentación ahora debería verse así:

Usted	Diferencia	Usted
5	1	6
25	11	36
125	91	216
625		
3,125		
15,625		
78,125		

Esta presentación es fácil de aprender. Fíjese que cuando llega a 125 en la columna Nivel, los últimos tres dígitos varían entre 125 y 625. Esto continuará sin importar el número de niveles que se descienda. Por lo cual, lo único que tiene que recordar son los números 3, 15 y 78.

A estas alturas de la presentación sugiera al distribuidor o distribuidora que complete los cálculos por sí mismo. En otras palabras, que multiplique 216 por 6 (lo que da 1.296) y sustraiga 625 de esa cifra. Es una diferencia de 671. Continúe el proceso hasta el séptimo nivel. El impacto será mucho mayor si usted le pide al candidato que lo haga.

Formule la pregunta: "¿Cuál cree que será el resultado en el séptimo nivel?" Deje que adivine. La mayoría de los candidatos no tienen ni la más mínima idea. ¡La diferencia en el séptimo nivel es mayor a 200.000! Para ser exactos 201.811. Su presentación ahora debe verse así:

Usted	Diferencia	Usted
5	1	6
25	11	36
125	91	216
625	?	—
3,125	?	—
15,625	?	—
78,125	201,811	—

Obviamente, 210.811 es una buena diferencia. Debe mencionarle al distribuidor que una vez que alguien llegue a comprender esto, reconocerá la importancia de trabajar con el grupo en línea descendiente. ¿Para qué afanarse por tener a muchos en el primer nivel? De todos modos no podría trabajar con ellos. Además, el patrocinar a demasiadas personas en su primer nivel lo involucra a usted en un juego que nosotros llamamos "sumar y restar". Yo preferiría más bien jugar el juego de la multiplicación llamado Mercadeo Multinivel, o abreviado, MMN.

Para jugar el juego, todo lo que tiene que hacer es enseñarle a su gente el principio de tres de profundidad. Cuando se enseña tres de profundidad, terminará por tener a cinco de profundidad. Por ejemplo: Mi nombre es Don y yo patrocino a Esteban. Le digo a Esteban: "Cuando ayudas a un nuevo distribuidor a arrancar, lo más importante que le puedes enseñar es que, cuando patrocine a alguien, se asegure de llevarlo cuanto antes a tres niveles de profundidad."

Sin siquiera percatarse, habrá traído en escena la Presentación Servilleta Nº 9 sobre Motivación.

Esteban es un buen alumno. Al patrocinar a Pamela, le brinda ayuda y la apoya en el desarrollo de su línea descendiente, asegurándose de que ella trabaje en función del principio de tres de profundidad. Esta es una variación de la Presentación Servilleta Nº 2 y debería verse de esta manera:

Ahora cuente los niveles de profundidad. Usted tiene cinco niveles por debajo. Le enseñó a Esteban que debía asegurarse que su gente estuviera a tres de profundidad. Esteban le enseñará ahora a su gente lo que usted le enseño a él y usted alcanzará una profundidad aún mayor. ¿Ahora comprende porque tienen tanto éxito en el MMN los educadores?

La mayoría de los "vendedores", al comenzar a construir una organización, piensan que el negocio consiste en patrocinar, patrocinar, y más patrocinar. Pero en realidad, de lo que se trata es de patrocinar y enseñar, patrocinar y enseñar, patrocinar y enseñar.

Jamás tendrá éxito en el MMN si no le enseña a otros como tener éxito también.

Si continuara la presentación mostrando la diferencia entre cinco y seis hasta el cuarto nivel, el resultado sería 1.296 menos 625 para una diferencia de 671. El total de las diferencias a través de los primeros cuatro niveles sería de 774. El número total de distribuidores a la izquierda sumaría 780, y el total del lado derecho 1.554. Su presentación ahora se vería así:

Ahora le toca a usted. Multiplique los números 780 ó 1.554 por 10 amigos clientes. Agregue los amigos clientes a los distribuidores clientes. Ahora multiplique el total por US$ 30 al mes, y el resultado por doce meses. Recuerde que ni siquiera se toman en cuenta los compradores al por mayor. Ahora, ¿se percata de cómo podría jubilarse en un lapso de uno a tres años? No lo lograría si se dedicara a patrocinar a lo ancho sin trabajar en profundidad.

Esta Presentación es una continuación de la Presentación Servilleta Nº 1.

<u>Notas</u>

CAPÍTULO XIV
SESIONES DE ENTRENAMIENTO DE NEGOCIO VS. REUNIONES DE OPORTUNIDAD SEMANALES

LA MAYORÍA DE LA GENTE en el MMN comienza por asistir a una reunión de oportunidad semanal. Siendo esa la manera como ellos ingresaron al negocio, tienen la idea de que de eso es justamente de lo que todo se trata: de asistir a las reuniones de oportunidad semanales y de invitar a sus amigos a asistir a las mismas. Después de invitar un cierto número de personas a las reuniones, dejan de hacerlo pensando que ya vendrán más que suficientes. ¿Qué sucede la noche de la reunión? No se presenta nadie. Esto puede ser muy desalentador. Una reunión de oportunidad típica tiene más o menos este formato: Se arreglan las sillas en una habitación de la casa o de un salón de hotel en forma de teatro. En frente hay un pizarrón o un pizarrón de cerámica. Una persona en traje de tres piezas está dando una presentación acerca de una empresa, sus productos y, por supuesto, sobre el plan de mercadeo. En la mayoría de los casos tomará aproximadamente entre una hora y hora y media.

De los 22 asistentes a la reunión de oportunidad 19 son distribuidores y tres nuevos invitados. La mayoría de los invitados brillan por su ausencia. ¡Ni rastro de ellos! La persona que presenta la reunión se dirige a los invitados. ¡El, ó ella, les habla solamente a tres de las 22 personas presentes! Para el distribuidor que ya ha asistido a la reunión varias veces, y que ha visto la misma presentación una y otra vez, esta rutina se vuelve sumamente aburrida. Se tiende a contraer lo que llamamos "Desgaste por reuniones".

Durante la reunión, cuando usted mira a los invitados, notará como inclinan la cabeza en señal de aprobación cuando el orador habla acerca de la empresa, los productos y el plan de mercadeo. A pesar del lenguaje corporal positivo, ¿porqué rechazan a veces los invitados la oportunidad, cuando se les pregunta si se ven a sí mismos en el negocio? No tiene sentido alguno que digan que "No" a pesar de haber sido de su gusto todo lo que vieron y oyeron.

El motivo por el que dicen "No" es sencillo. Ven a la persona que hace la presentación como alguien "exitoso". Piensan que para ellos tener éxito tendrían que organizar reuniones. Tal vez no de inmediato, pero en algún momento tendrían que hacerlo, algo a lo que la mayoría de la gente le teme más que a la muerte. Sienten pavor de pararse a hablar frente a un grupo de personas. Ahora puede comprender porque rechazan la oportunidad que se le ha ofrecido. (Entre paréntesis, este es un punto importante: Le dijeron que "No" a la oportunidad, no a usted personalmente. No permita que estos "No" lo desanimen).

Compruebo este punto durante mis talleres. Digo: "Ya que tenemos poco tiempo, sólo tenemos oportunidad de oír a una persona. Levanten la mano los que quieran subir para hablarnos sobre el tema de su elección durante los próximos tres minutos". Muy pocos, menos del 5%, levantan la mano. Debería ver la cara de alivio que ponen los que levantaron la mano cuando les digo que sólo estaba bromeando.

Conozco a cientos de personas que pueden sostener una conversación con un amigo mientras toman una taza de café. A estas mismas personas les daría un síncope con el sólo pensar en pararse frente a un público. El tamaño del grupo no tiene nada que ver. Algunos presidentes de empresa sudan la gota gorda cuando tienen que pararse frente a la junta directiva o cuando tienen que dirigirse a los accionistas.

¿Le gustaría eliminar este temor mientras construye su organización? ¿Le gustaría tener emocionantes reuniones de oportunidad semanales? Puede hacerlo una vez que comprenda LA MANERA de acelerar el paso de crecimiento de su organización.

Nos reunimos con nuestros candidatos en una reunión de uno a uno ó en una "reunión asador". (Véase el Capítulo IX, Presentación Servilleta N° 8) Preferimos vernos en un restaurante a una hora de poco movimiento para el restaurante. Le pedimos a nuestro invitado a que traiga un grabador. Podrá usar la cinta luego para repasar la presentación, ó, como una herramienta para ayudarle a patrocinar a sus amigos.

En lo que a mi respecta, prefiero que antes de reunirse conmigo ya hayan leído este libro. Esto nos ahorra bastante tiempo. Si para el momento de reunirnos ya saben "Cómo manejar", es más fácil ayudarles a seleccionar un "vehículo". (Véase la Presentación Servilleta N° 3 en el Capítulo IV).

Después de charlar un poco sobre los méritos del MMN, dígales que le gustaría hacerles una presentación de veinte minutos sobre la empresa, los productos y el plan de mercadeo. El simple hecho de anunciar que tan sólo le va a tomar unos veinte minutos, les conjura en la mente la idea de que cualquiera podría aprender a dar una presentación de veinte minutos. Además, hasta que se la aprendan, lo único que tienen que hacer es poner la cinta para sus amigos.

Si le toma a usted una hora y media para introducir la empresa, los productos y el plan de mercadeo puede verse en la necesidad de ser demasiado selectivo en escoger a aquellos a quien les va a conceder citas. ¿Cuántas citas de hora y media podría concertar? Cuando usted logra limitar su presentación a veinte minutos puede aprovechar los descansos para tomar café o hacer un par de presentaciones durante la hora del almuerzo.

Yo programaría la presentación de veinte minutos de la siguiente manera:

3 minutos para hablar sobre la empresa;

7 minutos para hablar sobre los productos y para repartir unas muestras;

Reserve 10 minutos para explicar el plan de mercadeo.

Divida el plan de mercadeo en varias partes. En la mayoría de los casos no hace falta elaborar sobre las partes avanzadas para que la persona arranque. Recuerde que ya ha adquirido el compromiso de regresar a clases y dedicar entre cinco y diez horas semanales para aprender el negocio. Durante la primera reunión, no intente cubrir todo lo que va a aprender durante los próximos seis meses.

Las dos palabras de mayor importancia en el MMN son PATROCINAR Y ENSEÑAR. La palabra menos importante es "vender". La palabra "vender" debería reemplazarse siempre por la palabra "compartir".

Las siguientes tres palabras de importancia son EXPONER, INVOLUCRAR y SUPERAR.

Primero EXPONE a una persona al negocio.

Luego la INVOLUCRA durante seis meses por un mínimo de cinco a diez horas semanales. A medida que va avanzando en el negocio, la visión de lo que quiere alcanzar irá cambiando y así motivado SE SUPERARÁ. Al ingresar, tal vez haya pensado ganarse unos US$ 300 a US$ 500 adicionales, pero después de estar involucrado durante seis meses, motivado por una nueva visión de lo que es posible alcanzar, ahora se ha fijado una meta de miles de dólares mensuales.

Lleve su grabadora por si el candidato olvida traer la suya, y permita que se quede con la cinta al terminar. Al comienzo de la presentación, pídale que anote cualquier pregunta que pueda tener y explíquele que usted se las contestará al terminar. Señálele que si usted tiene que responder preguntas durante la presentación no podría enseñarla dentro de los veinte minutos pautados.

La herramienta (la cinta), que le va a dar al nuevo distribuidor, constituye una razón valida para insistir en el orden de la presentación, sin sufrir interrupciones cada dos minutos. La presentación grabada también seguirá el debido orden. Si tan sólo contestara una pregunta durante la presentación, sería como levantar la liebre. Una vez que comience usted a brincar de una cosa a otra, adiós a la continuidad de la presentación.

Si su candidato parece estar dudoso de si puede hacer el negocio, sencillamente dígale "Antes de tomar la decisión final, ¿porqué no asiste a nuestra sesión semanal de entrenamiento para ver como entrenamos a nuestra gente?"

El propósito de la sesión semanal de entrenamiento es mostrarles a los distribuidores cómo sentarse con un amigo con una taza de café para darle una presentación de veinte minutos sobre la empresa, los productos y el plan de mercadeo. La sesión de entrenamiento en su totalidad no debería durar más de una hora

Contrariamente a la reunión de oportunidad, en una reunión semanal de entrenamiento usted se dirige a los distribuidores, en vez de dirigirse a los invitados. ¿Ha notado cuanto más creíble se vuelve una conversación cuando usted está allí de oyente en vez de interlocutor? Mientras le enseña a sus distribuidores como introducir la empresa, los productos y el plan de mercadeo, los invitados también están siendo entrenados.

El resultado final de este estilo de enseñanza es que usted ahora tiene a 19 distribuidores que están mejor preparados para compartir la oportunidad, y a tres invitados que se involucran porque pueden verse a sí mismos en el negocio. Una persona puede ser el entrenador para toda la ciudad. Así el distribuidor no sale con la impresión de que para tener éxito en el negocio es necesario que él se pare frente al grupo.

Es muy importante que usted congregue a todos sus distribuidores por lo menos una vez a la semana. ¿Recuerda la Presentación Servilleta Nº 8 sobre las sesiones asador? Tiene que mantener sus "leños" juntos para generar la energía necesaria para que sus distribuidores sean más eficaces cuando hablan con sus amigos.

No es necesario gastar mucho dinero en un sitio para reunirse. Hay muchos restaurantes que tienen un salón que se podría usar sin gastos adicionales. Sencillamente hable con el gerente y explíquele que tiene un grupo de personas que desean reunirse semanalmente. Comenzará la reunión a las 8:00 p.m. y terminará a las 9:30. Usted pedirá a su gente que llegue temprano (6:30 a 7:00) para cenar antes de la reunión. El gerente no tendrá que contratar personal adicional ya que los pedidos llegan a medida que va llegando la gente. Además, si la mesonera no se diera abasto para servir a todos, a usted no le importaría esperar su turno. El gerente del restaurante y,o su dueño se sentirá complacido con el arreglo, y también la mesonera. Finalmente, asegúrese de alentar a su gente a dejar una buena propina.

Este arreglo no debería ocasionarle gastos adicionales por encima de su propio consumo y las propinas. Los distribuidores que no quieren cenar deberían llegar alrededor de las 7:45 PM.

Hallamos que en este tipo de ambiente social, resulta muy cómodo para sus distribuidores tener un invitado. Podrían incluso ofrecerse a pagar por la cena o el café. (Esto convierte la cena ó los cafés en un gasto comercial deducible de los impuestos). Una vez que se hayan afiliado, tendrán que defenderse por si mismos.

No hay inconveniente en traer a un invitado a la reunión de entrenamiento, aún sin haber visto la presentación de veinte minutos. Ellos la presenciarán a medida que el instructor les va enseñando a los distribuidores como enseñarla. Al extenderles la invitación para la reunión, haga hincapié en el hecho de que están siendo invitados a una reunión de entrenamiento, y no a una reunión de oportunidad. Ellos reconocerán la oportunidad durante el entrenamiento.

Notas

Notas

CAPÍTULO XV
FRASES IMPORTANTES
Y CÓMO MANEJAR OBJECIONES

TAL COMO SEÑALÉ en la Presentación Servilleta Nº 4, su negocio se parece a una edificación grande en construcción. No se divisará el edificio hasta que no comience a levantarse; y no puede levantarse hasta que no se haya construido un cimiento sólido. Así mismo, en el MMN tampoco se ven los ingresos (nada sustancioso) hasta que no se hayan establecido las bases.

Al hablar con alguien que no es vendedor, diga: "Reconozco que está dudoso de si debe involucrarse o no. Quiero que comprenda que si acepta, yo lo entrenaré. También debe comprender que si yo no lo creyera a usted capaz de lograrlo, ahora estaríamos hablando de otra cosa."

La pregunta que debería hacerse a si mismo en cuanto a lo anterior es: **"¿Para qué querría yo convencer a alguien para que se involucre en mi negocio si no lo creyera capaz?"** También querrá mencionar: "Una vez que haya estado en el negocio por treinta días, y sepa tan sólo una fracción de lo que sé yo del mismo, comprenderá porque estoy tan entusiasmado en cuanto a la oportunidad que le estoy ofreciendo."

"¿Tengo que vender?" ¡No! Los productos serán distribuidos a medida que vaya construyendo el negocio, al compartirlos con sus amigos. ¿Ha estado alguna vez en una presentación de cristal, costaneras, utensilios de cocina, alarmas de incendio, o aspiradoras? Es esto el concepto de venta que tiene la mayoría de la gente. La definición de venta proviene del 95% de la población no vendedora y de lo que ellos consideran que son las ventas. Ellos definen ventas como ir a visitar a desconocidos para tratar de convencerlos de que compren algo que probablemente ni necesitan, ni desean. En el MMN nunca tendrá que hacer esto. En primer lugar tratará con gente conocida. En segundo lugar, estará manejando productos que ellos sí necesitan y quieren.

"¿Es una pirámide?" ¡No! La diferencia principal entre el MMN y las pirámides es que las pirámides son ilegales. El MMN ha existido por más de 50 años y si fuera ilegal, ya hubieran acabado con él desde hace mucho. Creo que esta objeción, en la mayoría de los casos, se debe al temor al fracaso. El interesado tiene temor de probar el programa y piensa que al preguntar si es una pirámide, se lo quitará a usted de encima. (la mayoría de los distribuidores no saben qué contestar)

"No dispongo de los medios para ingresar al negocio" En la mayoría de las empresas MMN se puede comenzar con menos de US$ 100. A menos que quiera pasarse el resto de su vida trabajando para alguien más, no puede darse el lujo de NO formar parte del negocio. Mi definición de "andar sobrado" es tener más dinero del que uno pueda gastar y el tiempo suficiente para gastarlo. Lo considero un hecho que nunca "andará sobrado" si continúa trabajando para alguien más.

"Mi cónyuge no estará interesado." No permita que persona alguna lo detenga. En la mayoría de los casos es sólo uno de los cónyuges el que sube a bordo. A medida que va teniendo éxito, el otro cónyuge también sube a bordo. Cuando esto sucede, su negocio realmente está listo para despegar. En el MMN, cuando una pareja construye conjuntamente el negocio, ya no es cuestión de 1 + 1 = 2, sino de 1 + 1 = más. Se obtiene un efecto sinérgico que es sumamente poderoso.

"¿Hay ventajas en ser patrocinado directamente por una empresa?" ¡No!, para nada. De hecho, yo lo consideraría más bien una desventaja. Cuantos más distribuidores tenga entre usted y la empresa, tanto mejor. Es deber de todos los de su línea ascendiente brindarle a usted ayuda y apoyo en sus actividades. Si fuere patrocinado por la compañía directamente, se hallaría usted solo.

"¿Hasta qué profundidad en línea descendiente debería yo trabajar?" A mayor profundidad, mayor ventaja. Muchos distribuidores no trabajarán más allá del último nivel sobre el que reciben comisiones. Pienso que es un error. ¿Recuerda la Presentación Servilleta Nº 9? Cuando se trabaja más allá del último nivel sobre el que se reciben comisiones, se aplica calor (presión) a los distribuidores sobre cuyas actividades sí recibe comisiones.

"¿Cómo selecciono una empresa MMN?" Para el momento en que lea estas palabras, es probable que usted ya esté afiliado a una empresa. A decir verdad, la mayoría de las personas no escogen su primera empresa. Algún conocido que ya está con la empresa, los seleccionó a ellos.

"¿Puedo trabajar con más de un programa?" Para contestar esta pregunta adecuadamente, tengo que dividir las empresas en dos categorías: Los programas que exigen un esfuerzo mayor, o sea, aquellos que poseen la modalidad de desprendimiento y algunos requerimientos mínimos, y los de tipo pedidos por correos y Uninivel. La mayoría de las personas no pueden manejar sino un programa de esfuerzo mayor. Usted podría tener a varios del segundo tipo en su lista, siempre y cuando tome en cuenta que las actividades que desarrolla en estos programas deben apoyar el programa de esfuerzo mayor. Hay un viejo dicho que nos recuerda que si se tienen muchos hierros en el fuego y uno de ellos está caliente, los otros no son necesarios. Muchos distribuidores afiliados a un programa de esfuerzo mayor, suelen dedicar su tiempo al programa que mejores resultados les esté dando.

"Es que no tengo tiempo." El reclutamiento y el patrocinio consiste de cuatro elementos básicos: 1) Contactos 2) Tiempo 3) Energía, y 4) Conocimiento. Si me topo con una persona que está muy ocupada, sencillamente le digo: "No estamos hablando de su tiempo, sino de sus contactos. Menciónele la idea del MMN a sus amigos y pídales que se pongan en contacto conmigo. En otras palabras, emplearemos sus contactos y mi tiempo, mi energía y mi conocimiento. Mientras que a usted le tomará dos minutos, a mí me tomará dos horas."

"**¿Cuál es la diferencia entre reclutamiento y patrocinio?**" Se dice Reclutar cuando la persona que usted trae a su organización ya tiene experiencia previa en el Mercadeo Multinivel (MMN). Se dice Patrocinar cuando traemos a alguien al MMN comprometiéndonos a entrenarlo en cuanto a la manera en que funciona la industria. Puede usted construir rápidamente cuando se dedica a reclutar; sin embargo, puede construir sólidamente cuando se dedica a patrocinar.

IDEA PARA UNA COMPETENCIA: Su gente participa en la competencia al patrocinar a alguien que nunca ha estado involucrado en el MMN. El nuevo distribuidor firma una constancia en la que afirma que es esta su primera empresa. Cada distribuidor puede entrar en la competencia cuantas veces lo desee. A medida que el nuevo distribuidor vaya alcanzando los diferentes niveles de logro, el entrenador recibe recompensas y premios.

"**Mi patrocinador no me ayuda. ¿Qué hago?**" Busque en línea ascendiente hasta que encuentre a alguien que esté dispuesto a ayudarle. Eventualmente, su patrocinador, si está inactivo, se retirará y usted subirá en línea ascendiente hasta colocarse debajo de aquél que le ha estado brindando su ayuda.

"**¿Son importantes las "comidas de traedores [reuniones en las que cada invitado aporta un plato]?**" Cada vez que haga algo beneficioso para reunir a sus distribuidores, estará usted creando energía.

"**Hay un pueblo a dos horas de distancia de mi casa. Conozco a cinco personas allá. ¿Intento patrocinar a los cinco yo mismo, o patrocino sólo a uno de ellos y pongo los otros debajo de él?**" Nunca se debe colocar a una persona debajo de otra sin haber primero reunido ambas partes para conversar sobre beneficios y apoyo mutuo. Yo patrocinaría primero al mejor candidato. Después tendría algunas sesiones asador de modo de poder introducir a los otros cuatro al primero. Si se llevan bien, pues, ¡Estupendo! Si ese no fuera el caso, patrocínelos usted mismo, pues, de todas formas terminaría usted haciendo todo el trabajo.

"Mi empresa me dice que no puedo afiliarme a otras empresas." Es interesante notar que algunas empresas toman esa actitud. Se sienten más que felices cuando le quitan los distribuidores a otras empresas, pero ¡Ay de los que se atrevan a reclutar a los suyos! Por lo general, son las mismas empresas que dicen: "¡Véngase con nosotros y obtenga su libertad!" Y tan pronto como lo hace, son justamente ellas las que se adueñan de usted.

"Me siento satisfecho con mi empresa, así que, ¿para qué querría yo unirme a otra?" Creemos en apoyar a nuestra industria, el MMN. Cuando queremos algo para nuestra familia preferiremos más bien unirnos a una empresa y comprar el producto al por mayor, que comprarlo de una tienda al por menor o de ventas directas. Usted puede estar afiliado a muchas empresas para comprar productos al por mayor, sin embargo, son pocos los distribuidores que tienen éxito cuando intentan construir una organización con más de una empresa.

"Estoy harto del MMN. Mi empresa acaba de declararse en bancarrota." Esto sería como concluir, cuando uno sale a comer a la ciudad y le sirven una cena horrible, que todos los restaurantes de la ciudad son malos. Recuerde que usted no puede fracasar en el MMN. Sólo puede rendirse. Si su empresa se hunde, búsquese otra. Nunca debe rendirse. En su lápida visualice uno de estos dos posibles epitafios: (Ponga su nombre en la línea) A) "Aquí yace _____ , alguien que lo intentó una vez en la vida y luego se rindió.", ó, B) "Aquí yace _____, alguien que nunca lo logró pero que jamás dejo de intentarlo."

"¿Cuándo debo abandonar mi empleo normal?" A muchos de los distribuidores se les antoja entrar al negocio a tiempo completo prematuramente. Es un gran error. Los pone bajo demasiada presión para producir AQUÍ Y AHORA. Resulta difícil establecer las bases del negocio cuando el alquiler está a punto de vencerse esa misma semana. No es conveniente dejar el empleo hasta que no haya acumulado una reserva, y esté sacando de sus esfuerzos en el MMN por lo menos el doble de lo que se está ganando en su empleo actual. Recuerde que, en la mayoría de los programas, las bonificaciones sólo se pagan una vez al mes. La mayoría de nosotros estamos acostumbrados a recibir nuestro pago semanalmente ["weekly", en inglés]. Algunos lo deletrean "weakly" [gastado].

"¿Cómo se puede mostrar gráficamente la diferencia entre
A: Vender mucho y patrocinar en una base amplia, y,
B: Trabajar con unos pocos distribuidores serios (nunca más de cinco) en línea descendiente?

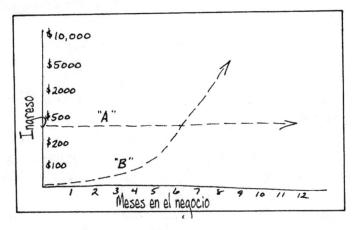

Un distribuidor que vende mucho y patrocina a un gran número de personas en su línea frontal, estaría en la línea "A". El distribuidor que se dedica a trabajar con unos pocos distribuidores serios, estaría en la línea "B". Pregúntele a sus nuevos distribuidores sobre que línea desearían ser colocados. Cuando dicen: "B", pregúnteles: "¿Se da cuenta de que en la línea "B" usted no estará ganando mucho dinero en los primeros meses?" De nuevo, está usted tratando de programarle la mente para seis meses.

Notas

CAPÍTULO XVI
PORQUE EL 90% DE LA POBLACIÓN DEBERÍA PARTICIPAR EN EL MERCADEO EN RED

El 90% de la población debería estar en el Mercadeo en red. Al entender la siguiente Presentación, sabrá porqué.

En la mayoría de los países el juego consiste en trabajar hasta jubilarse y acumular fondos suficientes como para vivir holgadamente hasta la muerte. El vivir del Seguro social no se puede llamar vivir holgadamente. Cuando usted vive en la casa de su elección (sin tener que pagar una hipoteca); cuando maneja el automóvil de su elección (sin cuotas por financiamiento pendientes); cuando sus tarjetas de crédito no presentan deuda; y, cuando no tiene cuentas de teléfono pendientes; en otras palabras, cuando no tiene deudas; cuando se encuentra en tal situación; y, cuando tiene un ingreso de US$ 10.000, todos y cada uno de los meses, salga usted de la cama, o no, entonces se puede afirmar que tiene usted un estilo de vida mejor que el de muchos millonarios.

Para muchas personas devengar un ingreso mensual de US$ 10.000 requeriría tener depositados en el banco US$ 2.400.000 al 5% de interés. Vea la Tabla Nº 1 (página 107) para enterarse de la cantidad de dinero que se requiere y a que taza de interés para producir los diferentes ingresos mensuales. Escoja el nivel de ingresos que le gustaría devengar, y luego verifique cuanto tendría que acumular para poder obtenerlo. Recuerde que antes de empezar a acumular, usted tiene que ganar el dinero, pagar impuestos, la hipoteca, las cuotas de financiamiento del automóvil y cada una de las cuentas. ¿Cuánto le queda en realidad para acumular?

Así es que ya sabemos que se necesitarían:
US$ 2.400.000 para que nos dé US$ 10.000 mensuales
Divida esa cifra por la mitad US$ 1.200.000 para que nos dé US$ 5.000 mensuales

Entre todas las personas que usted conoce, ¿cuántos estarían en condiciones de acumular entre US$ 1.200.000 y US$ 2.400.000 para el momento de su jubilación?

En el mercadeo en red, una persona, trabajando medio tiempo, puede generar un ingreso de US$ 5.000 a US$ 10.000 al mes en un período de 2 a 5 años. Este dinero se gastaría de la misma manera en que se gasta el dinero devengado sobre US$ 1.200.000 a US$ 2.400.000 al 5% de interés.

El ejemplo anterior representa la situación en la que podría hallarse usted dentro de 2 a 5 años con sus ingresos residuales. Analicemos los primeros meses hasta cumplir el año:

Se requiere de US$ 48.000 en el banco para generar un ingreso de US$ 200 mensuales. Al presuponer un interés del 5%, realmente estamos EXAGERANDO ya que ¡las ganancias sobre capital en un banco típico ascienden a mucho menos que esto! ¿A cuántas personas conoce usted que están en condiciones de ahorrar US$ 48.000 en 3 meses? Pero casi todos, empleando nuestro sistema, podrían construir una organización que les generaría US$ 200 al mes.

Observe lo siguiente:

¿A cuántas personas conoce usted en capacidad de ahorrar entre US$ 3.000 y US$ 6.000 al mes? La mayoría diría que no saben de nadie. ¿A cuántas personas conoce usted que estén en condiciones de patrocinar a un amigo al mes? Recuerde que para ello solo se requiere de una conversación de 45 segundos y de prestarle el libro para que lea las primeras cuatro Presentaciones

Servilleta. A continuación, se reúnen para conocer al patrocinador de usted. Esto se puede lograr mediante una llamada en conferencia entre tres. Resulta por demás interesante que cualquier persona tenga la potestad de poner en practica este sistema y patrocinar a un Amigo al mes y enseñarle a hacer lo mismo.

Con tan sólo patrocinar a una persona al mes y enseñar a su gente a hacer lo mismo, su organización se vería así:

Mes	Número do personas en su organización
1	2
2	4
3	8
4	16
5	32
6	64
7	128
8	256
9	512
10	1,024
11	2,048
12	4,096

¿Qué pasaría si tan sólo hiciera esto una vez al año, y le enseñara a su grupo a hacer lo mismo? Usted alcanzaría la independencia económica para fines del décimo segundo año. ¡¡A quién no le encantaría jubilarse en 12 años!? ¡Una persona al mes le permitiría a usted hacerlo en un período de un año!

El Mercadeo en red, contrariamente a las ventas, no es un juego de números. Un vendedor sale a trabajar para un gerente de ventas, mientras que en el Mercadeo en red las cosas funcionan al revés: Cuando usted afilia a alguien, usted sale a trabajar para él. ¡Tendrá la opción de escoger para quien trabaja!

Lo que realmente debemos hacer para tener éxito en el Mercadeo en red, se puede resumir en dos oraciones:

1.   Hacer amigos (si no tiene ninguno)
2.   Conocer a los amigos de estos

<u>Notas</u>

Gráfico Nº1

"¿Está seguro de su jubilación?"

¿Sabe usted cuanto dinero se necesita tener en el banco para conseguir la cantidad de dinero que le gustaría tener al jubilarse?

"TOMAR LAS RIENDAS DE SU VIDA" para nosotros significa que uno tiene la posibilidad de hacer las cosas que le gustaría hacer, ¡sin tener que preocuparse por el costo!

La siguiente tabla muestra el porcentaje de interés que pagan las instituciones financieras y la cantidad de dinero que usted tendría que tener para generar el monto mensual que necesita para suplir sus necesidades. Encuentre el monto que le gustaría obtener y seguidamente la tasa de interés actual pagada por las instituciones financieras, y vea ¡cuánto tiene que ahorrar antes de la jubilación!

US$ 200 al mes		US$ 600 al mes		US$ 800 al mes		US$ 1,000 al mes	
Tasa Int.	Monto en el Banco	Tasa Int.	Monto en el Banco	Tasa Int.	Monto en el Banco	Tasa Int.	Monto en el Banco
2 %	$120,000.00	2 %	$360,000.00	2 %	$480,000.00	2 %	$600,000.00
3	80,000.00	3	240,000.00	3	320,000.00	3	400,000.00
4	60,000.00	4	180,000.00	4	240,000.00	4	300,000.00
5	48,000.00	5	144,000.00	5	192,000.00	5	240,000.00
6	40,000.00	6	120,000.00	6	160,000.00	6	200,000.00
7	34,285.71	7	102,857.14	7	137,142.86	7	171,428.57
8	30,000.00	8	90,000.00	8	120,000.00	8	150,000.00
9	26,666.67	9	80,000.00	9	106,666.67	9	133,333.33
10	24,000.00	10	72,000.00	10	96,000.00	10	120,000.00

US$ 2,000 al mes		US$ 4,000 al mes		US$ 5,000 al mes		US$ 10,000 al mes	
Tasa Int.	Monto en el Banco	Tasa Int.	Monto en el Banco	Tasa Int.	Monto en el Banco	Tasa Int.	Monto en el Banco
2 %	$1,200,000.00	2 %	$2,400,000.00	2 %	$3,000,000.00	2 %	$6,000,000.00
3	800,000.00	3	1,600,000.00	3	2,000,000.00	3	4,000,000.00
4	600,000.00	4	1,200,000.00	4	1,500,000.00	4	3,000,000.00
5	480,000.00	5	960,000.00	5	1,200,000.00	5	2,400,000.00
6	400,000.00	6	800,000.00	6	1,000,000.00	6	2,000,000.00
7	342,857.14	7	685,714.29	7	857,142.86	7	1,714,285.71
8	300,000.00	8	600,000.00	8	750,000.00	8	1,500,000.00
9	266,666.67	9	533,333.33	9	666,666.67	9	1,333,333.33
10	240,000.00	10	480,000.00	10	600,000.00	10	1,200,000.00

Tenemos un sistema por el que usted, al regresar a clases por unas horas semanales, puede aprender a hacerlo, o sea, involucrándose; Usted puede asegurar su seguridad económica en el nivel por el que desea trabajar.

Sabemos que si usted aprende nuestro sistema, puede alcanzar la independencia económica en un lapso de 1 a 3 años con un ingreso de más de US$ 50.000 al año.

¿Cuántos universitarios contraen deudas para obtener una educación que los preparare para un buen empleo? Mas, después de la graduación, no pueden obtener la independencia económica en un lapso de 1 a 3 años con un ingreso de más de US$ 50.000 al año. En lo que a mí respecta, no sé de ningún empleo, que no sea negocio desde la casa, que pueda brindarle esta oportunidad.

Si usted quiere aprovecharla para TOMAR LAS RIENDAS DE SU VIDA, comuníquese con la persona que puso esto en sus manos.

APÉNDICE 1
LA CHAPA MMN DE 4 COLORES

A continuación una sugerencia para emplear la chapa "señal de alto" MMN de cuatro colores como HERRAMIENTA DE PATROCINIO: La pregunta más frecuente que formula la gente en cuanto a la chapa es: "¿Qué quiere decir MMN en la señal de alto?"

A estas alturas ya estará usted consciente de que significa MERCADEO MULTINIVEL, un método de distribuir productos, que NO debe ser confundido con las Ventas directas.

Mi respuesta favorita es la de "Más Maravillosa que Nunca será su vida cuando se DETENGA para echarle una buena MIRADA al MEJOR (señale la M en amarillo) NEGOCIO de todos, el MERCADEO MULTINIVEL."

"El color verde significa LUZ VERDE. Una vez que usted lo haya investigado honestamente, y comience a darse cuenta de las tremendas posibilidades que le ofrece el MMN en casi toda la gama de vehículos a su alcance, usted podrá COMENZAR a construir su propia organización, y a GANAR DINERO. De ahí, la M y N verdes".

Vea el Capítulo VII (página 47) para un repaso sobre la forma de iniciar una conversación sobre el MMN, y, fijar una hora para reunirse con su candidato para relatar la historia completa sobre el programa en el que usted está activo.

NO trate de explicar el Plan de mercadeo completo en la esquina de la calle, ó, en un horario en que se supone que el candidato esté trabajando.

Los distribuidores me preguntan: "¿En que momento le enseño a la nueva persona las Presentaciones Servilleta?" La respuesta es sencilla: "No se las enseño." Le doy un libro y una cinta de audio y fijo una cita para reunirme con él en el futuro inmediato y para hablar sobre el material. Una vez que hayan escuchado la cinta y leído el libro, no queda mucho más de que hablar. Es hora de patrocinarlos y de comenzar a trabajar para que ellos patrocinen a otra persona.

Al darle a su candidato el libro y la cinta "Lo básico", usted logra que repase el material dos veces. La segunda vez retendrá más. Si tan sólo le da el libro, es improbable que lo lea dos veces. Lo mismo se aplica al darle la cinta solamente, es poco probable que la oiga dos veces. Además, tome en cuenta que usted no sabe cuál es el mejor método de retención para esa persona, si es leer o escuchar. Si le da igual, es casi seguro que retendrá suficiente información como para convencerlo de que el Mercadeo Multinivel es algo que hasta él mismo puede llevar a cabo exitosamente.

Sugiero que adquiera 10 juegos del libro "Lo Básico" y de la cinta de audio "Las Presentaciones Servilleta" para abastecer a su línea descendiente. Cuanto más pronto ponga a trabajar estas herramientas para usted, más rápidamente verá crecer su organización. De nuevo, ENSEÑE a su gente los Pasos hacia el éxito. Estos libros y estas cintas les enseñaran lo básico. De esta manera usted puede hacer seguimiento compartiendo sus experiencias personales de éxito.

Usted puede tener el mejor "vehículo" de la industria, pero, a menos que sus distribuidores o representantes aprendan a "manejar", no lograrán salir adelante.

Al enseñarle a sus distribuidores y representantes las Presentaciones en este libro, usted no está haciendo otra cosa, sino enseñarles a "manejar". Traer a una persona nueva a su "vehículo" sin haberles enseñado a "manejar" no es más que pura pérdida de tiempo: ¡el suyo y el de ellos!

La publicación "Más de Lo básico – Cómo construir una organización de Mercadeo Multinivel grande y exitosa" debería dársele a los nuevos distribuidores en obsequio. Cuando estén listos para aprender más, podrán ellos mismos adquirir la Colección Failla, la cual contiene todas las herramientas de entrenamiento Failla.

-Don Failla

APÉNDICE 2
CÓMO CONSTRUIR UN NEGOCIO MMN EXITOSO... ¡DE MANERA RÁPIDA Y DIVERTIDA!

A continuación le damos 5 pasos fáciles:

1. **Hable con un amigo sobre como tomar las riendas de su vida.** Préstele la Carta de prospección o la cinta de audio de 15 minutos **"Tome las riendas de su vida"**. Este paso le toma tan sólo 5 minutos.

2. **Ayude a su amigo a comprender el MMN.** Préstele la cinta de audio **"Las Presentaciones Servilleta" de Don Failla y "Más de Lo básico – Cómo construir una organización de Mercadeo Multinivel grande y exitosa"**. Este paso le tomará 1 minuto.

3. **Busque un compromiso.** Pregúntele a su amigo si está dispuesto a regresar a clases y a dedicar entre 5 y 10 horas semanales durante 6 meses al proceso de aprender a "tomar las riendas". (¡30 segundos!)
   Si la respuesta es: **"Sí"**, continúe con el Paso 4
   Si la respuesta es: **"No"**, comparta los productos o el servicio, y obtenga así un amigo cliente, y una referencia. Este paso le tomará 2 minutos.

4. **Comparta el vehículo** (la empresa, los productos, el plan de mercadeo) La presentación inicial sobre el vehículo no debería durar más de 15 minutos. **Afilie al nuevo distribuidor.**

5. Haga que el nuevo distribuidor repita los pasos anteriores con sus amigos.

Cómo trabajar inteligentemente
Hay tres elementos para construir una organización exitosa:
1. **El vehículo** (la empresa, los productos, el plan de mercadeo)

2. **El combustible** (los libros, las cintas de audio, los oradores, el patrocinador, las competencias, las reuniones, etc. que proveen estímulo)

3. 3. **Cómo manejar** (la comprensión del MMN)
   - Permita que las herramientas de entrenamiento MMN hagan el trabajo por usted y le ahorren tiempo.
   - Si un candidato comienza por hacer muchas preguntas, explíquele que las 5 a 10 horas semanales son justamente para eso: para contestar sus preguntas. Su candidato no necesita saberlo todo para poder arrancar.

La filosofía de Don y Nancy Failla
Tómese 15 minutos para averiguar si una persona está dispuesta, o no, a apartar el tiempo necesario para aprender a manejar el vehículo antes de malgastar de 1 a 4 horas hablándole sobre el mismo.